女性に「即決」される文章の作り方

「どうして売れないんだろう」と思った時、真っ先に読む本

谷本理恵子
セールスコピーライター
Rieko Tanimoto

ぱる出版

はじめに

▼あなたは、お客様が「買わない理由」を考えたことがありますか？

多くの人は「どうして売れないのだろう」と考えます。せいぜい「景気のせい、環境のせい、そもそも商品が悪いせい」と責任転嫁をするか、「頑張っているのに、何が悪いんだろう」と思考停止に陥るのが、関の山。ですから、質問を変える必要があります。

あなたのお客様は、なぜ「買わなかった」のでしょうか。
もっと言うなら、なぜ「買うことができなかった」のでしょうか。
お客様の立場に立って考えてみれば、明確に理由があるはずです。

たとえば、説明が難しすぎて、良さが伝わらなかったのかもしれない。

欲しいと思ったにもかかわらず、行き方や買い方がわからなかったのかもしれない。

必要な情報がどこにあるかわかりにくかったせいで、面倒になったのかもしれない。

よさそうだと思いつつも、また今度でいいかと後回しになったのかもしれない。

そもそも自分に必要な情報だということが、理解されなかったのかもしれない。

存在は知っていても、どんな時にどう役立つ商品やサービスなのかに気づいていないのかもしれない。

▼「買わない理由」をすべてつぶす！

実際に「買う」という「行動」を起こしてもらうためには、あなたが思っている以上に、さまざまなハードルがあるものです。

けれど、もし「買わない理由」がわかったなら、その理由をすべてなくせばいい。
「売れる」か「売れないか」の違いは、そんなシンプルな部分にあります。

お客様がどんなことを不安に思って「購入の決断」を先延ばしにするのかを知り、何をどんな順番で説明すれば、「買う」以外に選択肢がない状態にもっていけるのかを理解していれば、たとえ文章が下手でも、デザインが素人っぽくても、少しくらい値段が高くても、売れていくのは当然です。

すべては、お客様の気持ちになって「どうして買わなかったんだろう」に踏み込むことから、はじまります。

▼どうすれば「売れる」のか

本書は、「売るための文章」を作る専門家であるセールスコピーライターの考え方、つまり、どういう発想で、何に注意すれば売れるのか、という「ロジック」の部分を知っていただくことを目的にして書きました。

日本では、まだあまり知られていないセールスコピーライターという仕事の真価は、「文章を書くこと」自体にあるわけではありません。なぜなら、文章が上手いからといって、モノが売れるわけではないからです。

むしろ、商品やサービスの「本当の魅力」をリサーチし、「誰に何をどんな順番で伝えれば売れるのか」を組み立てるところにこそ、実力の差が出ます。そして、普通なら見逃してしまうだろう「細い部分」にどれだけ注意を払えるかによって、さらに大きな違いが生まれます。

とはいえ、どれもそれほど難しいものではないので、安心してください。単に知っているかどうかの問題なのです。

▼女性にわかりやすい＝すべての人に伝わりやすい

特に、女性に売りたい場合には、「買わない理由」つまり「行動のブレーキ」になっている要素をすべて取り除く、という考え方はとても重要です。

というのも、男性の場合には、商品やサービスがもたらす「客観的な効果・効能」に強い関心がある場合が多いため、少しぐらい不親切な説明であっても、どうにか読み解き、頑張って理解してくれる可能性があります。

けれど、「主観的な価値や体験」に重きを置く女性たちは、「どうして私がいちいち意味を考えなきゃいけないわけ?」とイラッとするか、「何が言いたいのか、さっぱりわからない!」とすぐに諦めてしまって、続きを読みません。

つまり、買っていただくには、「必要な情報」が「楽に手に入る」ように細部にまで気を配って、途中離脱を防ぐ必要があります。

直感的で移り気な「女性」にわかりやすい内容にできるなら、万人に伝わりやすい見せ方になります。それにデパートの売り場面積が示すとおり、多くの商品やサービスの購買決定権を握っているのは、女性たち。だからこそ、「女性にとって重要なポイント」を落とさないように配慮することは、全体的な売上げアップに貢献するのです。

すでに、女性の購買心理の本質的な部分については、前著『ネットで「女性」に売る』（エムディエヌコーポレーション）に書かせていただいたので、本書では、より細かい見落としがちなポイントを具体的にピックアップしました。

一般論として知っていたとしても、いざ自分自身でやるとなると、うっかりすっ飛ばしてしまうこともあるものです。ですから、本書は、実践的な改善策を見つけ出すヒントとして、男性に売る場合にも、女性に売る場合にも、お役立ていただけるのではないかと思います。

▼誰でも今すぐ使える！

正しく「伝える」技術の重要性は、日々増してきていると感じています。

私自身は、比較的小規模なメーカー通販で、運営責任者を4社6年させていただいた後、さまざまなクライアントの販売促進に携わってきた現場の叩き上げですが、当時は本もほとんどなく、とにかく試行錯誤する中で、セールスコピーライティングやダイレクト・レスポンス・マーケティングを泥臭く学ばざるを得ませんでした。

けれど、さらに世の中のスピードが速くなっている今、手に入る情報は先に仕入れ、ある程度、見極めがついた状態で、テストをしていくことが求められています。

本書をご活用いただくことで、あなたの素晴らしい商品やサービスを、本当に必要としている方に届ける一助になれば幸いです。

株式会社グローアップマーケティング

谷本理恵子

女性に「即決」される文章の作り方

「どうして売れないんだろう」と思った時、真っ先に読む本

もくじ

Reason why women buy impulses

第1章 モノや情報があふれている時代に、即決されるには？

～お客様が買わないのは、明確な「理由」がある～

第2章

「興味がない人」に、何をどう伝えるのか

～まずは、振り向かせないと、はじまらない！～

第3章

「そのうち買おう」と先延ばしされずに、即決されるには？

〜「思わず引きつけられる」には先がある〜

第4章 「今すぐ欲しい人」に、何をどう伝えるのか
～うっかりミスで、取りこぼさない！～

第5章

「はじめてのお客様」を「ファン」に育てる

〜これを伝えないから、リピートされない！〜

第6章

「興味のない人」を引きつけるフレーズ集

～振り向かせる言葉、スルーされる言葉～

カバーデザイン▼EBranch 冨澤 崇
図版作成▼原 一孝
本文レイアウト▼Bird's Eye

第1章

モノや情報が あふれている時代に、 即決されるには?

～お客様が買わないのは、明確な「理由」がある～

Reason why women buy impulses

欲しくなる!

point
01

残念ながら「欲しくない」

「興味がない人」に売る時代だと
認識していますか?

▼そもそもの前提が、間違っている

とても豊かな世の中になりました。経済発展とインターネット技術の発達により、モノも情報もあふれています。毎日の生活に必要なものは、すでに行き渡っているので、寝ても覚めても喉から手が出るほど欲しいものなんて、ほどんどありません。

もし、家から一歩も出ず、テレビもインターネットも見ず、誰にも会わないいままで過ごすなら、購買意欲が刺激されることはないかもしれません。

それに、何かを買おうと思っても、類似商品がたくさんありすぎて、素人目にはそれぞれの違いがわかりません。それほど選択肢のなかった昔であれば、壊れにくく機能的に優れた「良い商品」というだけで「選ばれる理由」になったのでしょうが、今はどれを選んでも「基本性能」を満たしているのです。

その上、「お金をかけられるなら安心のA社」「お手頃価格のB社」「新しいチャレンジをしているC社」といったわかりやすい違いも、もはや存在しません。

「まさか」と思われるなら、家電量販店に行ってみてください。デジカメやパソコン、テレビや冷蔵庫など、きっとこだわって開発しているのでしょうが、「他にはない特徴がどこにあるのか」も「その特徴がはたして自分にとって必要な違いなのか」もよくわからず、選ぶのに苦労するのではないでしょうか。

それなのに、多くのビジネスオーナーたちは大きな勘違いをしています。自分自身も、イチ消費者としては「欲しくない」し「選べない」という経験をしているにもかかわらず、売る側に回った途端に、「うちの商品やサービスは素晴らしいから、みんな欲しがるに違いない」という幻想を抱いてしまうのです。

▼前提が違うと、すべてがズレてしまう

自分の商品やサービスに恋をするのは、当然です。けれど、現代社会では、ほ

とんどのお客様が、そこそこ満足した状態にあります。つまり、日常的には、必要（ニーズ）も欲求（ウォンツ）も感じておらず、ろくに興味もないのです。なのに、「お客様が欲しがっている」という間違った前提をもとに「売る」方法を考えるなら、どうなるでしょうか。

商品やサービスの案内が、極めて雑になります。もちろん、そんなつもりはないでしょうが、ちゃんと「お客様にわかるように」説明する努力を、つい無意識のうちに怠ってしまうのです。

もし、あなたが「ものすごくお腹が空いていて、今すぐ何かを食べたい人」にだけ売るなら、多くの説明は要りません。けれど、「そこまでではない大半の人」にも売りたいと思っているなら、「本当の魅力」をきちんと見つけ出し、必要な人に「伝える力」が問われています。

01

前提が間違っていると、対策も違う。今は「まったく興味がないお客様」を振り向かせる努力が必要な時代だと知っておこう。

前提条件が違えば、売り方も変わる

昔

モノが足りない

↓

「良い商品」を作れば売れる

今

ニーズもウォンツもそこそこ満足

↓

「欲しい」＋「言い訳」が必要

「良い商品」であることは前提条件にすぎなくなった今、思わず「欲しい」と心が動く（ウォンツを作る）のはもちろん、購入を正当化できるだけの「言い訳」を提供する（ニーズを作る）必要がある

point
02

ちょっとしたキッカケで「欲しくなる」

もっと素晴らしい未来があることが、
伝わっているでしょうか?

▼どうやって「興味がない人」に売るのか

モノも情報もあふれている世界に住んでいる、本来「あなたのお客様」になるはずの人たちは、今の生活から、何かを変えたいなんて思っていません。つまり、残念ながら「あなたの商品やサービス」に興味がありません。現時点では、まったく自分に関係のない話だと思っているので、注意を向けようとすらしないのです。

けれど、いくら「現状にとりあえず満足している人」が多かったとしても、もちろん、あなた自身はそうは思っていないでしょう。

この商品やサービスがあれば、もっと豊かな楽しい毎日が送れるはずなのに。
自覚がないだけで、本当は困っているはずなのに。
こんなに簡単に、理想の未来は手に入るのに、もったいない!

だからこそ、あなたの商品やサービスには、存在意義があります。

たとえて言うなら、自覚症状のない病気のようなものです。健康診断で発覚すれば、治療の必要性が急浮上するのと同じように、あなたが「何かを伝える」ことで、それまでまったく欲しいと思っていなかった人が振り向くことは、じゅうぶんにありえます。

▼「欲しくない」「興味ない」は変えられる

今すぐには「興味がない」といっても、それは、単に「問題に気づいていない」もしくは、潜在的には「気になって」いるけれど、そこまで深刻に考えていないせいで、普段は忘れていたり、後回しにしているだけのこと。

ですから、ふとしたタイミングに、

「あなたの生活も、こんなふうに変わりますよ。しかも、手間もお金も時間もほとんどかけずに」

と具体的に提案されれば、

「なるほど！　それなら、欲しい。そういうのを、前から探していたんだ。もっと早く言ってくれればよかったのに」

と言われる可能性があるのです。


ちょっとしたキッカケで、人は大きく変わります。そして、人の感情は刻々と変わり続けているので、たとえ同じ人物であっても、

「半信半疑で読み始めたばかりの時の気持ち」

と、

「最後まで読み進めて、すっかり欲しいと思っている時の心境」

は、まったく異なっているはずですよね。

▼欲しい情報も刻々と変わる

セールスライティングの本質は、

「お客様の感情に寄り添った見せ方」

をするところにあります。

読んでいるお客様の感情が、読み進めることによって変わっていくならば、それぞれのタイミングに応じて、響く言葉や見せ方も違ってきます。

つまり、お客様が今どの「段階」にいるかを見極め、それぞれの「段階」ごとに必要な情報だけを厳選し、その「段階」に相応しい内容として見せる必要がある、ということです。

02

人の感情は刻々と変わる。

お客様の今に寄り添った情報提供が、最重要！

欲しくなる!

point
03

「欲しい」には「段階」がある

結局、あなたが「後回し」にさせている?

▼「問題」を自覚しないと、欲しくはならない

一言で「欲しい」と言っても、その状況は人によって、さまざま。「今すぐ買いたい」レベルの人もいれば、「ちょっと気になっている」程度の人もいるでしょう。では、具体的にどういう状況のお客様に、どんな「情報」を提供すれば、「今すぐ買いたい」と言っていただけるのでしょうか。

すべての商品やサービスは、「問題」解決のためにあると言われることがあります。たとえば「お腹が空いた」という「問題」を解決するために、おいしい食事を提供するレストランがあるとか、手軽に知識を身につけるために本がある、といった具合に、あなたの商品やサービスも、なんらかのお客様の「問題」を解決できる手段の一つでしょう。

そして、お客様が商品を欲しくなるのは、「問題」を認識した結果、「解決方法」が欲しくなる瞬間なのです。いくら「問題」を抱えていたとしても、その自覚が

ないなら、解決策を探したりはしません。けれど、すごく悩んでいるなら、どうしても解決策が欲しくなるはずですよね。

つまり、解決したいと思うには、まずは「問題」があることを認めていただく必要があります。お客様は、自分自身が抱えている「問題」を、ハッキリと認識している時ほど、その「問題を解決できる商品やサービス」が欲しくなるのです。

▼「欲しい」を作り出すには？

どれくらい「欲しい」かが、お客様の「問題認識のレベル」によって決まるならば、「どうすれば興味をもっていただけるか」「何を伝えればもっとハッキリと問題を認識できるか」も、今、お客様がどの段階にいるのかによって異なります。ですから、伝える内容をそれぞれのレベルに合わせて変える必要があります。

たとえば、現状にそこそこ満足して生活しているお客様の場合には、まずは「興味をひく」必要があるでしょう。パッと見ただけで「え!?　何それ？　自分に関係がありそう」と思っていただけるなら成功です。

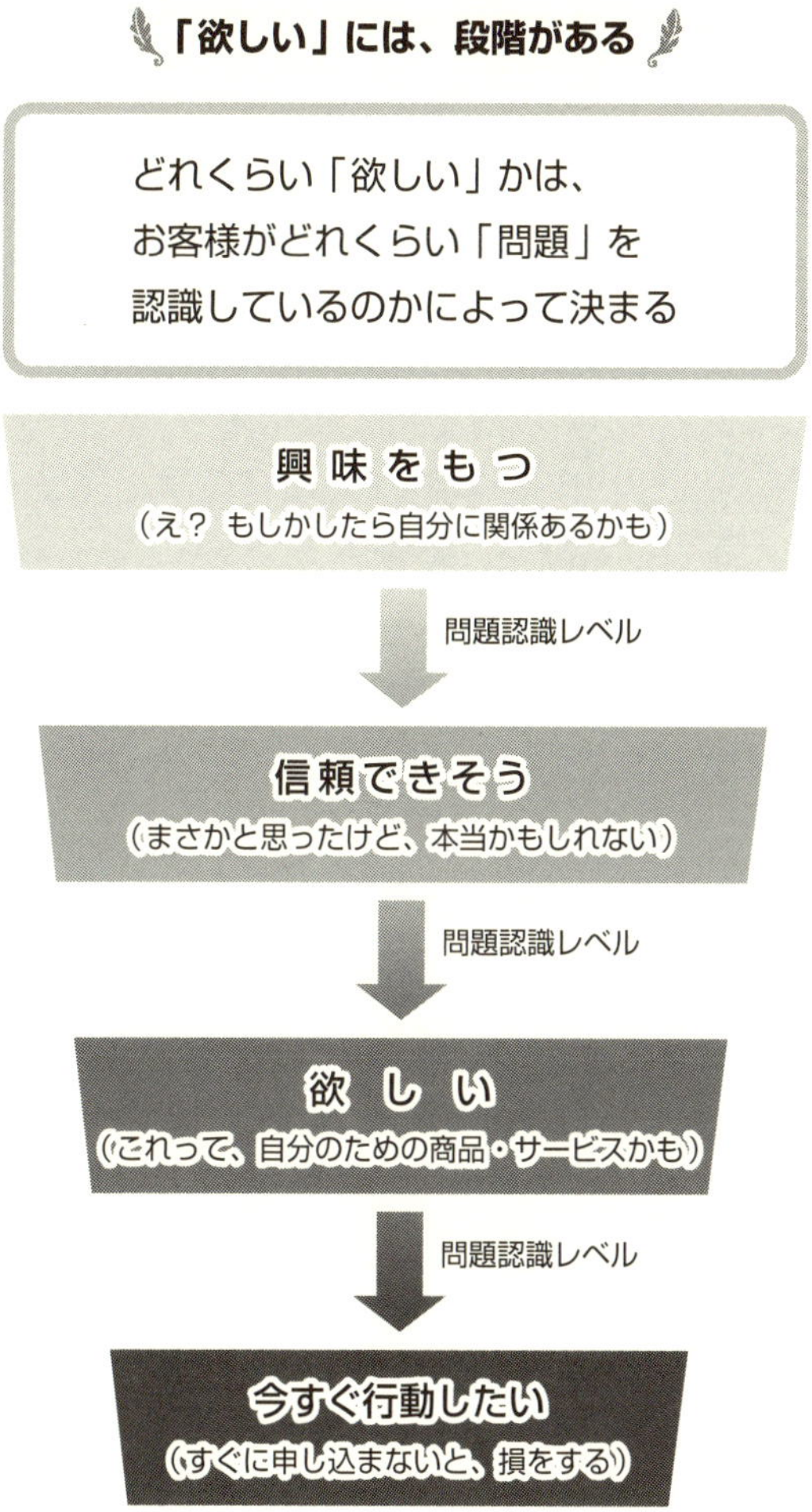
「欲しい」には、段階がある
どれくらい「欲しい」かは、
お客様がどれくらい「問題」を
認識しているのかによって決まる
興味をもつ
（え？ もしかしたら自分に関係あるかも）
問題認識レベル
信頼できそう
（まさかと思ったけど、本当かもしれない）
問題認識レベル
欲しい
（これって、自分のための商品・サービスかも）
問題認識レベル
今すぐ行動したい
（すぐに申し込まないと、損をする）

けれど、興味があっても、すぐに買うわけではありませんよね。本当に信用できるのか疑いますし、別に今日でなくてもいいし、今ある他のものや他社の商品・サービスで代用してもいいわけですから、今すぐ「行動」をするには、さらに「ひと押し」が必要になります。ですから、「その時々に何を伝えるべきか」も「問題認識のレベル」によって違ってくることになります。

▼だから、テンプレートではうまくいかない

市販されている「この通りに埋めれば売れるテンプレート」や「セールスライティングの雛形」を使ったり、売れている会社のホームページやチラシを真似しても、さっぱり上手く行かない原因の1つは、この「問題認識のレベル」がズレてしまうことにあります。要するに、「使うべき場面」を間違っているのです。

もし「段階」ごとに、お客様が考えていることも感じていることも違うならば、見せ方を変えなければいけないのは当然ですよね。「買う気がさっぱりない状態」

と「この商品でなくてもいいし、今じゃなくてもいい状態」と「今すぐ悩みを解決したい場面」とでは、「何を伝えれば買っていただけるか」がまったく異なっているはずですが、残念ながら、この「問題認識のレベル」による違いを意識的に捉えている方は、非常に少ないと感じています。

なんとなく作ったイメージ広告では、集客の役に立ちません。自分が言いたいことを一方的に話すだけでは、さっぱり伝わりません。どの段階のお客様に何を伝えて、どうなっていただきたいのか。キチンと目的を持って、絞り込んだメッセージを出さないなら、必要性が認識できず、欲しくならないからです。結局、お客様に「後回し」にさせているのは、あなたの伝え方が原因なのです。

03

「段階」ごとに欲しい情報は異なる。そのタイミングでお客様が知りたい情報を伝えよう。

欲しくなる!

point
04

「欲しい」だけでは、買えない！

「欲しい」のに、
買わなかった経験はありませんか？

▼「情報」が足りないから、買えない！

何かを買う時に「買う気はあるのに買えなかった」という経験をしたことはありませんか。

たとえば、「アレルギー表示や添加物を知りたいのに書いていない」とか「近くに店員さんが見当たらずサイズがあるか確認できない」「A商品とB商品の違いがわからない」など、自分の目的に適合するかがわからず、決断しきれない場面。

もしくは、通販サイトで「カートに入れる」ボタンを押しながらも「あれ？そういえば、送料はかかるのかな？」と気になって、手が止まってしまったり、せっかくチラシを見て興味をもったのに「行き方」がイマイチわからないなど、完全に購入するつもりだったのに、最後につまずいて買えないことは、意外によくあるものです。

そんな風に、購入の決断をするために必要な情報が不足していたり、購入自体がスムーズにできなかったりすると、せっかく「欲しい」と思ってくださったお客様も「また今度」にするしかなくなります。お客様にとっては、問題解決が先送りされる結果になりますから、単に売り逃したという以上に、双方にとって不幸な出来事です。

▼「情報」が多すぎると、決めきれない！

一方で、情報がありすぎても、迷ってしまうものです。お客様は、すべての「機能」を理解したいのではなく、「自分にとってどうなのか、結果どんないいことがあるのか」にしか関心がありません。

それなのに、あまりに「選択肢」が多いと、何を基準に選べば「自分にぴったり」なのかがわからず、買うことことができないのです。

モノも情報もあふれている今、その場で即決されなければ、次のチャンスは期待できません。ですから、お客様に提示する「情報」は、多すぎても少なすぎてもダメなのです。

どんな場合でも、躊躇なくスムーズに買っていただけるように、今、目の前にいるお客様が必要としている「情報」とは何かをキチンと見極めて、必要十分な見せ方にする必要があります。

▼「買わない理由」を、すべて潰そう！

では、いったい何が「必要十分な情報」なのでしょうか。

ホームページでもチラシでも、「売るために作られる文章」のゴールは明確です。「お試し購入」でも「問い合わせ」でも「無料体験」でも、とにかく最終的に「買ってもらう」ことが目的ですから、必要なのは「欲しい理由」を増やして「買わない理由」をすべて潰すこと。つまり、他の選択肢をなくして「買うしかない」状態にもっていくからこそ、売れるのです。

ですから、「必要十分な情報」は「目的達成に貢献するか」という基準で判断します。「目的達成に役立つ可能性にあるものは書く」、逆に「目的達成のために必要ないものはすべて削る」という発想で、今の「段階」で必要な情報は何だろうか、これは本当に削れない言葉だろうか、どう目的に役立っているのだろうか、一つ一つ吟味していけば、もう迷うことはなくなるはずです。

04

お客様には買えない、明確な「理由」がある。「買わない理由」を、すべて潰そう！

そのタイミングで お客様に必要な情報だけを厳選する

いかに「買うべき理由（＋）」を増やして
「買わない言い訳（－）」を減らす
ことができるかが鍵

興味をもつ（え？ もしかしたら自分に関係あるかも）	（＋）	目新しい情報、他の人の苦労話
	（－）	自分には無関係、今ある状態で満足
信頼できそう（まさかと思ったけど本当かもしれない）	（＋）	受賞歴や伝統、データ実績、こだわりや想い、お客様の声
	（－）	胡散臭い、今あるもので代用可能
欲しい（これって自分のための商品・サービスかも）	（＋）	自分の目的にぴったり、他にはない方法、問題解決の確約
	（－）	時間がない、お金がない、使いこなせる自信がない
今すぐ行動したい（すぐに申し込まないと損をする）	（＋）	期間限定、希少品、キャンペーン特典
	（－）	場所や営業時間がわからない、問い合わせ方法がわからない

第2章

「興味がない人」に、何をどう伝えるのか

～まずは、振り向かせないと、はじまらない!～

Reason why women buy impulses

欲しくなる!

point
05

「困っていない」は、誤解にすぎない

まったく困っていない人に、問題を自覚してもらうには？

▼多くの人は、悩んでいない

インターネットやスマートフォンがこれだけ普及した情報化社会です。困ったことがあれば、すぐに無料で解決方法を知ることができる場合が多いのですから、悩みが深いほど、いつまでも「悩んでいる状態」に留まっておらず、早期に解決済みになる可能性が高くなっています。

つまり、なんとなく「気にはなっている」けれど、そこまで問題だと思っていないから、解決しないまま放置できている、とも言えるのです。

しかも、商品やサービスは、すでに飽和状態。「今すぐ欲しい」というお客様だけを奪い合っていては、ビジネスとして成立しにくい時代です。となると「すでに顕在化している悩みを解消したい人」だけに売ろうということ自体に、無理があります。

事実、すでにあなたのお客様になっている人たちだって、そこまで悩みが深い人ばかり、というわけでもないですよね。自分が困っていることに、ほとんど気づいていない「自覚症状の薄い人たち」も、たくさんいるはずです。

▼誤解を解き、思い込みを変える

では、「まったく悩んでない、興味すらない人」に、何を伝えれば、買っていただくことができるのでしょうか。

当然ながら、「別に欲しくない、間に合っている」という思い込みを、変えていただかなくては、売れようがありません。

ですから、今はまだ「もっと素晴らしい暮らしが存在する」こと自体を知らないまま、現状に満足していたり、「まさか解決できると思っていない」と諦めている人、もしくは「自分でなんとかできる」と誤解している人たちに、より速く確実に、より安く安全に、これまでにないレベルで「解決できる方法が存在する」

こと自体に気づいていただくことがはじめの一歩になります。

つまり、「商品やサービスについて伝える以前」に、お客様の頭のなかで常識になってしまっている「思い込み」を変えることができる「新しい情報」を提供する必要があるのです。

▼まずは、興味を持ってもらうこと

多くの方は、商品やサービスを早く提案しすぎて、失敗します。

いきなり「売り込み」をしても、そもそも「問題の存在」にも「解決策の存在」にも気づいていない状態では、「提案」を受け取る心の余裕がありません。むしろ、余計に心を閉じてしまい、本来は必要だったはずのものでも、欲しくなくなってしまいますよね。

まずは、お客様が、現時点では別に「変えたいと思っていない」「当たり前」

だと感じている生活が、実際にはどんな「問題」をはらんでいるのかについて、無理なく気づいていただける情報を届けるのが先です。

「何を言えば、問題に気づき、解決したくなるのか」の大きなヒントは、すでに商品やサービスを購入されたお客様が、どんなキッカケで「潜在的な悩み」を自覚したのかを知ることにあります。

何か「具体的な出来事」があったせいで、解決したいと思い始めた一人のお客様の体験は、他の人にも共通していることが多いもの。はじめから問題に気づいていた人なんていないのですから、どんな「場面」で悩みが顕在化したのか、お客様は今「何にイライラしていて、本当はどうなりたいと思っているのか」を知ることは、「何を伝えるべきか」を理解する第一歩になります。

05

既存客の証言が、大きなヒントに。お客様が問題に気づいたキッカケを探そう。

誤解を解き、思い込みを変える

別に欲しくない、間に合っている

・現状に満足している
（問題が存在すること自体に気づいていない）

・問題は認識していても、解決を諦めている
（まさか解決できると思っていない）

・解決方法を誤解している
（自分でなんとかできると思っている）

↓

「もっと素晴らしい未来がある！」

「今考えているより、良い解決方法がある！」

と気づいていただくことが、必要

欲しくなる!

point
06

お客様が、すでに興味をもっていることを探せ!

お客様にとってピンッとこない「日常からかけ離れた言葉」を使っていませんか?

▼お客様の興味は、まったく別のところにある

人は「自分のこと」にしか興味がありません。つまり、究極的には「自分に関係ありそう」だと思う範囲でしか、他の人がやっていることに興味を持ちません。そして、人によって興味がある対象や関心の範囲は、びっくりするほど違っています。ですから、もしお客様に見向きもされないで困っているなら、十中八九「あなたの興味」と「お客様の興味」がかけ離れていて、かすりもしない状態にあるのです。

あなたのお客様は、毎日、あなたとは「まったく違うこと」を考えながら過ごしています。まるで、文化の違う国に住んでいて、互いに外国の言葉をしゃべっているようなものです。ですから、残念ながら、あなたが普段、商品やサービスを説明するために使っている言葉は、この層には響きません。つまり、「自分に関係のある話だ」と感じていただくためには、あなた自身が「お客様の頭の中」

に出かけていき、「お客様自身がふだん考えている話題」を、「お客様が日常的に使っている言葉」で語ることが必要なのです。

▼お客様の言葉から、離れると伝わらない

誰にだって「毎日、つい考えてしまうこと」があるものです。

お風呂に浸かっている時や夜寝る前のベッドの中、昼休みにぼーっとしたり、散歩したりしている時に、意識しなくてもフッと頭に浮かんでグルグル巡り続けている「漠然とした悩み」があなたのお客様にもあるとしたら、いったいどんな内容でしょうか。おそらく、あなたの商品やサービスについて考えているなんてことは、ないですよね。

たとえば、「家計管理をしたいなぁ」と思いながら、道を歩いている人は、なかなかいないでしょう。けれど、「子供の教育費」なら気になっている人がいるかもしれません。きっと「国公立大学と私立大学では、どれくらい値段が違うの

か」なら、もっと興味がわく人が多いでしょう。つまり、お金の専門家が使う「家計管理」という抽象的な言葉は、子供の将来の進学が気にかかっている人が日頃使っている言葉ではないため、具体的なイメージがわいてこないのです。

たとえ同じ内容を語っていたとしても、言葉が変われば「前のめり感」がまったく違ってきます。ですから、お客様に読んでもらいたいのなら、「自分の頭のなかにある言葉」で語るのではなく、「お客様の普段使いの言葉」に翻訳していくことが大切です。

▼お客様の日常にリンクさせる

もちろん「言葉」だけではなく「伝える内容」自体も、お客様にとって身近なものにする必要があります。

たとえば、整体などを生業とする方が、体の「歪み」を放置した時の害や矯正方法を伝えようとしても、多くの人は、まさか自分が「歪んでいる」と思っていません。ましてや「歪み」のせいで心身に悪影響が出るなんてことは、まったく知らないはずです。前提知識も自覚症状もない以上、「問題」に気づくはずもありませんし、治そうと思うはずがありませんよね。ですから、いくら熱心に伝えたとしても、「他人事だ」と思い続ける状況は、変わらないのです。

けれど、実際に矯正の施術を受けに来たお客様たちは「この動作がこんなにスムーズできるようなるなんて、思いもしなかった！」などと喜んでおられるはずですよね。きっと「これまで気づいていなかったけれど、実は、困っていた場面」について熱く語ることができるでしょう。

私たちが知りたいのは、その「典型的なシーン」をお客様自身はどんな「言葉」で語るのかなのです。

人間が考えたり感じたりしている内容は、案外似たり寄ったりで、そう多くのバリエーションはありません。みんな同じようなことに困って、悩んでいるのですから、一人のお客様が語る内容は、他のお客様にも当てはまる場合がほとんどです。だからこそ、身近な「ビフォー・アフター」を聞いた時にはじめて「そういえば、自分も……」と問題を自覚できることだって、多いもの。

ぜひ、あなたの商品やサービスを購入されたお客様が「驚いて発する言葉」や、いつも「知らなかったと言われる話題」を敏感に察知できるように、常にアンテナを張りめぐらせ、メモをとるようにしましょう。

「お客様が語った内容」をできるだけ「言葉を変えず」に他の人にも伝えれば、同じように響きます。テレビ通販が、お客様の声をメインに構成されているのは、決して偶然ではないのです。

06

人は、自分のことにしか興味がない。お客様がすでに興味をもっている内容を、お客様が使っている言葉で伝えよう。

お客様の頭の中

あと3万…
あればなぁ…

うちの子の成績
…受験に失敗
させたくない

なんだか…
疲れが取れない

最近服がきつく
なってきた…

ずっと
腰が痛い…
立ち上がる時に
膝が…

ええっ？
髪の毛が減って
きた？？

健康診断の数値
やばいなぁ…
息切れもするし

うちの子…
あの性格で社会で
やっていけるん
だろうか…

この仕事…
ずっと続けられる
のかなぁ…

実家の整理…
気が重いなぁ…

このシミ…
ちょっとでも
薄くならない
かなぁ…

このままで
老後のお金って
大丈夫なんだ
ろうか…

あ…
あれ買わなきゃ…
あれもしなきゃ

さっき
あんなこと言われて
すっごく腹立つ

今日の晩御飯
何にしよう…

なんかワクワク
楽しいことって
ないかなぁ…

どこか
旅行に行きたいな

欲しくなる!

point
07

そもそも、なぜ私に必要なのかが、わからない

「どうして解決したいと思わないんだろう?」と感じるなら、要注意!

▼あまりに熟知しすぎている

好きが高じてビジネスになる場合も多いものです。

感動のあまり「他の人にも伝えたい」と仕事にするようになったり、自分や身の回りの人が、本当に困っている問題をどうにか解決したくて試行錯誤した結果「過去の自分を救うため」に商品やサービスを作ったり、そうでなくても、とにかくその分野に思い入れをもった「専門家」だからこそ、お客様に商品やサービスを提供していることが多いでしょう。

ところが、時間もお金も手間もかけて、あなたが「専門家」としてのキャリアを積み、知識や経験が豊富になっていくほど、結果的に、お客様とかけ離れた生活を長く続けることになります。すると、残念ながら「一般常識のレベル」がどこにあったのかが、わからなくなってしまうのです。

そのため、つい「これくらいはわかるだろう」と専門用語を使っていても、説明を端折ってしまうことがあっても、なかなか自分は気づくことができませんし、あまりに当たり前になりすぎて、そもそも何に困っている時に必要な商品なのか、どういう時に便利なサービスなのかも、具体的にイメージできなくなりがちです。けれど、お客様を置き去りにしたまま、自分の「こだわり」を一方的に語っても、伝わるはずがありませんよね。

もしあなたが「いいに決まってるのに、なんで売れないんだろう」と思っているのなら、かなり重症です。

一度、立ち止まって、自分がその商品やサービスに「出会う前の状態」を思い出してみてください。もし、その時のレベルにまで戻って語りかけるとしたら、本当に今と同じ言葉を使うのかについて、考え直してみる必要があります。

▼交友関係が、タコツボ化していないか

「専門家」になる過程で、交友関係に同業者が多くなると、うっかり「仲間うちだけで伝わる表現」に頼りがちになる方も、多いものです。お互いに「知識のレベル」が揃っていると、話が通じやすく、とても楽なのですが、「その分野の前提知識がまったくない人」にどう説明すれば伝わるのかを考えないまま、次第に「業界でしか通用しない」話し方しかできなくなっていきます。

たとえば、スピリチュアル系やボディワークに関わる商品やサービス、コーチングなどの新しいジャンルなどには、まだまだ一般的ではない「カタカナ語」や「抽象度が高い言葉」が多くあります。互いにその概念を理解し、体験したことがある人同士では、名前を言うだけで「あぁ、あれのことか」と、なんとなく通じてしまうことが多いのですが、多くの人にとっては、そもそも「セッション」という言葉さえ、具体的に何を指しているのかがわからない可能性があります。

ですから、もし「まったく興味のない家族や友人」から「わからない」という忠告をもらったなら、ぜひ素直に説明の内容を再検討することをオススメします。

下手にいつも身の回りで通じているせいで、「そんなはずがない」と腹を立てる人が多いのですが、たいていの場合、感覚が狂っているのは自分の方なのです。

安易に「楽な言葉」に逃げず、「そうか、この伝え方では、わからないんだ」と新しい表現を試行錯誤しましょう。「伝える」こと自体が面倒になったり、きちんと説明できないことを棚に上げて「体験すればわかる」などと言い始めたら、本末転倒です。ほとんどの商品やサービスは、購入前にお金を払うのですから、実際に体験する前に価値をしっかりと伝えられないなら、売れるわけがありません。

▼なぜ、「その人」にとって必要なのかを具体的にしよう

興味のない人に伝えるには、まずは「自分ごと」として捉えてもらう必要があります。「他の人には必要かもしれないけれど、私には関係ない」と思っているたいていの人を振り向かせるには、「一般的なメリット」ではなく「その人自身の個人的な利点」が、具体的にイメージできることが大切なのです。

そのためには、「で、私にとって、どんないいことがあるの?」「結果、どう変われるの?」というお客様からの質問に納得のいく答えを用意できるかが、鍵になります。

おそらく、とっさに口に出たはじめの答えは、一般の人にとって「それって、どういうこと?」と考え直さなくてはならない内容になっていることでしょう。

つまり、まだまだ難しすぎるのです。

そこで、「はじめに出た答え」に対して再度「結果、どうなる?」という質問を繰り返していきます。「すると、何がいいの?」と5回連続で突き詰めていくと、より本質的で直接的な表現にこなれていくはずです。

07

あなたの常識は、一般的には非常識。どう表現すれば伝わるのか、チャレンジを重ねよう!

個人的なメリットが具体的にイメージできることが大切

【例】このサプリメントを買えば…

子供の成長に必要な栄養を、
安全にバランスよく賢く補うことができる

↓ **結果、どうなる？**

自分の料理のせいで、
子供の身長が伸び悩んでいると思わずにすむ

↓ **結果、どうなる？**

自分のことを、子供が育つために
最適な環境を整える「よい母親」だと思える

↓ **結果、どうなる？**

完璧な料理が作れなくても、罪悪感を感じず、
イライラしすぎないで毎日ハッピーに過ごせる

＊多くの女性は役割意識が強く、
罪悪感を感じていることが多い。

欲しくなる！

point
08

売り込まなくても「欲しくなる」情報を！

「え？　何それ!?　もっと知りたい！」
と思わせるには？

▼ゴミ箱直行では、気づく以前の問題

「こんなお悩みありませんか」という書き方をよく見かけますが、すべてにおいて万能な書き方はありません。

マーケティング上、「すでに困っている人」や「なんとなく不安に思っている人」に売るのが手っ取り早いので、「こんな間違いしてませんか」「こんな問題ありませんか」という見せ方は、汎用性があって使いやすい書き方ですが、大多数の「まったく興味のない人」には、このパターンが使えません。

現時点では「困っていない」のが前提ですから、「もし、興味をもってくれるとしたら、いったい何を伝えた時なのか」について、改めて考え直す必要があります。

残念ながら、ほとんどのチラシは、手に取った瞬間に捨てられ、ホームページやブログは、読む前に閉じられてしまうのです。ですから、まずは読みはじめて

もらえないと、話になりませんよね。

たとえば、ボールペンはたくさん持っていて、機能的に考えると新しいペンはこれ以上は必要ないという状況の中で、それでも欲しくなるのはどんな説明をされた時でしょうか。もしくは、今持っているスマートフォンにそこそこ満足しているため、新機種が出たとしても、むしろ変更手続きが面倒だと思っていて、現時点ではまったく機種変更したくない人には、はじめに何を伝えれば、興味を持ってもらえるでしょうか。

▼「あるある」で、思わず共感、「意外な事実」で続きが気になる

思わず引き込んで読ませてしまう方法の一つは、いつもお客様が経験している「よくある場面」で引きつけ、「確かに、そういうことって、あるよね」という話から始めること。たとえば、「旧機種で満足していても、今すぐ買い換えるべき5つの理由」と言われれば、読んでみようと思うかもしれません。もしくは「新

事実、新発見、ニュース」であれば、思わず目を留める人が増える可能性があります。

けれど、「新しい」こと自体が重要なのではない点には、ぜひ注意してください。お客様にとっての「当たり前」が裏切られるからこそ「え？　何それ⁉　もっと知りたい！」と思うものです。もっと言うなら「続きを読まないと損をする」と感じるからこそ、つい読んでしまうのです。

ですから、単に、売り手目線で「新発売」を告知するだけで、お客様目線では「驚く」べき内容がないなら、興味を引くことはできません。「あぁ、またこれか」と思われるとしたら、最悪です。

まずは、思わず「読みたい」と思わせることに集中し、ゴミ箱に直行してしまわない、一瞬で閉じられないものを作るのが、最優先。自分の伝えたいことではなく、お客様が読みたい内容を意識しましょう。

▼伝えるべき内容は「当たり前」の中にある

おそらく、お客様が「驚く」内容のほとんどは、プロとしては「当たり前」のことの中にあります。けれど、その「当たり前」をちゃんと発信することを忘れれば、せっかくの「価値」が伝わらないままです。

たとえば、国の基準で検査が義務づけられているなら、業界的には取るに足りない話でしょう。けれど、そう言われただけで、魅力的に感じる人はいます。合板なら「板の向きを交互に重ねて、強度が増す」構造になっているのは当たり前のことですから、通常なら、あえて伝えようと思わないかもしれません。けれど、素人であるお客様は、その一言があるだけで「それなら安心だ、ちゃんとこだわって作られているんだ」と思うものなのです。

自分にとっての常識は多くの場合、お客様にとっての非常識です。お客様に「いつも言われること」がないか改めて意識してみるだけでも、「これはお客様にとっては、当たり前では、なかったんだ」というポイントに、たくさん気づくことでしょう。一人のお客様が嬉しく感じたり、疑問に思ったことは、他の人も気になる内容である可能性が高いので、「感謝の言葉」や「よく質問されること」は、宝の山。自分で「考えよう」とすると、「あなた目線」が抜けないので、既存のお客様の発言から「探し出す」という感覚をもつことが重要です。

また、あなた自身が「他のやり方を見ていて、腹が立つこと」を探してみるのも有効です。というのも、あなたが「他の商品やサービスは、ここがダメだ」と感じているポイントは、あなたの「こだわり」に他ならないからです。

いくら素材にこだわっていても、作り方が特別でも、想いをもってやっていても、自ら「伝えよう」としなければ、すべて知られないままに終わってしまいます。ぜひ「お客様目線で意味のある」他とは違うポイントを探し、発信していただければと思います。

08

「自分ごと」＋「驚き」が必要。お客様にとって、「続きを読むべき理由」がないなら、そもそも読まれるはずがありません。

欲しくなる!

point
09

振り向かせる方法は、2つある

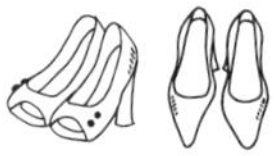

「私にも、関係あるかも」と思わせるには？

▼よくある広告は、まとめてスルーされる

人間の目は、目的としている内容のもの以外はすべて無視するようにできています。そして「欲しくない」と思っている人、つまり「商品やサービスを探していない段階の人」は、ネットサーフィンをしたり、自分がフォローしている人の発信をチェックしたり、なにげない情報を暇つぶし的に収集しているだけですから、売られることを予想していません。つまり典型的な「広告」や「売り込み」は無意識のうちに、スルーされてしまいます。

ですから、まだまだ欲しくないレベルにあるお客様を振り向かせたいなら、「お客様自身が今すぐ欲しいと思っている情報」を「お客様が見たいと思っている形」でわかりやすく提供する必要があります。

すでにお客様が「解決したい」と思っている「顕在化している悩み」をテーマに、「場の空気感」にあわせて見せるのでなければ、そもそも見てもらうことすら、

ままならないのです。

まずは「とりあえず目を止めてもらい、読まれる」ことだけに集中するとしたら、「原因」や「真の解決法」を語るのは、難しすぎますよね。たとえ本質的で価値がある内容だったとしても、読まれない文章には、存在価値がありません。

▼「情報収集」中に、アンテナに引っ掛ける

パッと見で興味を引くために、まず目指すべきは、「なんとなく、面白そう」「もしかしたら、自分に関係あるかも」という、ふわっとした「アンテナ」にうまく引っかかる「ちょっと気になる情報」を見せることです。

昔から、新聞や雑誌には、記事と見間違うような「特集風の広告」が掲載されてきました。デザインや文章のテイストを合わせることで、思わず読ませてしまう仕掛けです。同様に、インターネット上の広告でも他の記事や投稿と混在させ

て「記事風広告（ネイティブアド）」を掲載する手法などが使われていますし、特にSNSに掲載される広告では、いったんブログを模した記事に誘導して、そこで改めて商品やサービスを紹介する方法で成約率を上げる手法が多用されています。というのも、広告と気づかずに、なんとなく押したお客様が「期待している」のは、個人的でライトな情報を読むことであって、本気の販売ページではないからです。

そもそも「欲しいもの」がわかっているなら、とっくの昔に買いに行っているはずですから、あなたのサイトに立ち寄ることも、チラシを眺める暇もないはずです。実際のお買い物でも、目的もなくブラブラ歩いていて、気になった店をフッとのぞいてみることがあるように、インターネット上でも、チラシの上でもウインドウショッピングが起こっていると考えるとわかりやすいかもしれません。

お客様が置かれている状況を想像し、その場所、そのデバイス、そのタイミングで、とりあえず「続きを読んでみよう」と思ってもらえるように、工夫してみましょう。
まずは「お客様が見たいと思える」形にあわせ、どうすれば「違和感がない」状態にもっていけるのかが重要です。

▼「現状に満足」を変える

「気になっているのに、悩んでいない」のは、「忘れていられる程度の浅い悩み」だというよりもむしろ、「どうせ解決できない」と諦めているから起こる現象です。「自分は、こんなものだ」と現状に満足するほど、わざわざ今の状況を変える必要がなくなるため、「潜在的に必要としている」はずのお客様であっても、「アンテナ」の感度が低くなっていきます。

けれど、「現状のまま行くしかない、変わるなんて無理だ」と信じている人でも、ちょっとしたキッカケがあれば「もしかしたら、自分にもできるかもしれない」と思えるものですよね。

たとえば、某パーソナルトレーニングジムが流行るまでは、「普通の人が、ハリウッドセレブみたいなカッコイイ体に、ごく短期間でなれる」方法が存在することは、ほとんど知られていませんでした。けれど、「どうせダイエットするなら、単に痩せるだけじゃなくて、より積極的に、筋肉をつけた体になりたい」という「潜在的にもっていた理想」を自覚し、それが「実現可能」だと思えるようになれば、自然に「欲しい」と思えるようになるわけです。

▼物語から、始めてみよう

「どうせ無理に決まっている」と思っているほとんど興味がない人に有効なのは、完全に「読み物」として見せてしまう方法です。

人は誰でも、物語が大好きなので「昔むかし、あるところに……」と言われたら、「何なに？　これから、どんな話がはじまるの？」と、思わず続きが知りたくなるものです。

たとえば、「36歳未婚、私の話を聞いてください」というような物語や「5年後の日本は、こうなります」というような予言や警告であれば、あなたの商品やサービスには興味がなくても、その読み物自体の続きが気になったり、「知っておかないと損をするかも」と読みはじめる人がいるかもしれませんよね。

ですから、まずは「商品やサービスとは、まったく無関係に見える物語」からはじめて興味を引き、ストーリーを読み進める中で、商品やサービスの必要性を啓蒙し、欲しくなるように仕向けることができれば、本来「届けたいお客様」に、無理なく情報を提供できます。

▼物語を使う場合の注意点

とはいえ、何でも「物語」にしたら、売れるというわけではありません。「思わず買いたくなる」内容にもっていく意図がないなら、ただ文章が長くなって、話が混乱するだけです。ストーリーは、あくまで「お客様の興味があること」を「お客様が普段から使っている言葉」で語ることで、「問題」と「解決方法」の存在を認識していただくための一手法に過ぎません。

注意を引き、読み手を巻き込んで「自分にも必要かもしれない」と思わせるためには、はじめからしっかりと落としどころを考えておく必要があります。

「売るための文章」は、不要な言葉は一言も入れないつもりで「最終ゴールに必要不可欠なもの」だけで構成することが大切です。

あなたがお客様に伝えたい究極のメッセージは、何でしょうか。これさえ伝えることができたら、絶対に欲しくなるという内容を受け入れる前に、まずはどんな気持ちになっている必要があるでしょうか。緻密に逆算して、あらかじめ「設計」を組み立てる必要があります。

▼共通しているのは、ライトさ

「なんとなく気になってはいるけれど、悩んではいない人」に伝える場合にも、「すでに諦めていて、気にもしていない人」に届ける場合にも共通しているのは、圧倒的に「気軽でライトなメッセージ」にする、という点です。
「ものすごく悩んでいて、今すぐ欲しい人」に伝える時のように、直接的な解決につながる話なんて、お客様はさっぱり聞きたくないからです。

もちろん、最終的には、「必要ない」という「思い込み」を、ちょっぴり変えていただく必要はありますが、「悩み」を深掘りしてあおることで「喉から手が出るほど欲しい」と思わせるような段階にはありません。
「なんとなく良さそう」だから「とりあえず、試してみようかな」という気持ちに持っていくのがゴールです。

09

人は、常時、情報収集をしている。お客様の「アンテナ」にうまく引っかかるような出し方をしよう。

ゴールからの逆算

《すでに顕在化した悩みの場合》

① 恐怖をリアルに描写し、
今すぐ解決するべき必要を強く感じさせ、

② これさえあればすべて解決できると、
手に入れたい気持ちをあおれば、売れる

問題に気づいている

↓ 悩みをえぐって、必要性を深くする

死にたいほど解決したい悩み

↓ これさえあれば解決できる、
解決したらこんなに幸せになれると、
さらに欲しい気持ちをあおる

喉から手が出るほど欲しい

《まだ悩みが潜在的にしかない場合》

悩みに気づいていないなら、
スタート地点もゴール地点も、気軽でライト

問題に気づいていない（別に困っていない：潜在的悩み）

価値観の転換 ↓ ※悩みの存在を認識

共感（確かに、自分にも「同じ悩み」があるかも：悩みの顕在化）

価値観の転換 ↓ ※解決法を認識

試してみてもいいか（なんとなく良さそう）

価値観の転換 ↓ ※ベストな解決法を認識

とりあえず、この商品を試してみよう

欲しくなる!

point
10

結局、「誰に」が最重要

どうして上手く文章が書けないの?

▼決め打ちするから「自分ごと」にできる

「伝える」を分解すると、「誰に」「何を」「どうやって」の3つに分けられますが、圧倒的に重要なのは「誰に」伝えるかです。

ほとんどの方は、「どうやって」伝えるのかという「テクニック」を学ぶことにばかり目を奪われがちですが、同じ商品やサービスを説明する場合でも、相手が違えば、いったい「何を」伝えれば魅力を感じてもらえるのかは、まったく変わってくるものです。

たとえば、対面で販売する場合には、お客様の年齢・性別・話し方、知識の量や購入目的などにに合わせて、自然に説明を変えているはずです。もし、お客様に怪訝な顔をされたなら、もっとわかりやすい説明や具体例を追加して、わかっていただけるまでフォローするでしょう。また、お客様に質問をして、必要な情報を得ながら最適な提案をすることもできますし、言葉遣いも話す速度も、表情や態度も臨機応変に変えて対応できます。

ところが、ネットや紙の文章で売る場合には一発勝負。後から人を見て、伝え方を変えるわけにはいきませんし、パッと見た瞬間に「自分には関係がない」と思われてしまうと、続きの説明は読んでもらえないままです。

つまり、文章で売る場合には、いったい「どんなお客様」を目の前にして接客するのかを、あらかじめトコトン明確に「決め打ち」しておかないと、「何を」「どうやって」語るかが、決まらないのです。

「誰に」伝えようとしているのかがあいまいなままでは、文章がうまく浮かんできません。どうにも売れる文章が書けないという場合には、たいてい「お客様の絞り込み」が甘いのです。

▼「たった一人のお客様」に届ける

とはいえ、単に「絞れ」と言われても、現実問題として「いろいろなお客様がいる」のに、いったい「誰」にしぼればいいのでしょうか。いろいろなやり方がありますが、私がおすすめしているのは、「すでにあなたの商品やサービスを買ってくださったお客様」の中で、以下の3つの条件をすべて満たす人に決めるやり方です。

①まったくクレームがなく、心から喜んでくれている人
②何も案内しなくても、勝手にどんどん「他の商品・サービス」まで買ってくれる人
③このお客様が、あと100人いたらいいのにと思える人

というのも、既存顧客であれば、すでにお金を払ってくれているのですから、あなたの商品やサービスに「価値」を感じた経験があるのは、間違いありませんよね。しかも、クレームがなく喜んでくれているなら、買った後の「品質」にも、満足してくださっていることでしょう。

その上、「他も買ってくれる」状態にあるなら、すでにあなたの会社は信頼さ

れています。「ここの言うことなら、間違いない」と思っているからこそ、リピートされているわけです。つまり、「商品やサービス」にとっても幸せで、「お客様」にとってもその商品が「ど真ん中」という相思相愛の理想的な関係が作れている人だとわかります。

そして、いくら金払いがいいと言っても、あなた自身が心から好きだと思えないお客様には、どこか別のところに引っかかる点があるはずです。どんな大企業であっても、すべての人に売れる商品を作っているわけではありませんから、わざわざ嫌いなお客様と関わる必要はないでしょう。、直感的に「この人に使って欲しい」と思えることも、案外、重要です。

この3つの条件にあてはまる「たった一人のお客様」を具体的に思い浮かべることができたら、その人が「自分ごと」だと思えるメッセージを作ることは、これまでよりも圧倒的に、簡単なはずです。実際のお得意様であれば、その人の生活環境や思考の癖などを推測することは、それほど難しいことではないからです。

逆に、うっかり架空の人物で考えようとすると、ありえない妄想の世界で迷走しますので、要注意。「伝える」ための前提を設定するには、実際に顔が浮かぶ人でなければ、意味がありません。というのも、これまで幾度となく書かせてい

ただいた通り、セールスライティングでは、その人が実際に話す「言葉」を必要とするからです。

▼価値観で絞るから、売れる

「たった一人」に響く文章は、他の人には伝わらないのではないかと心配される方もいらっしゃるのですが、実は、逆です。「クラスの異性全員を振り向かせよう」とするラブレターなんて、書けませんよね。けれど、有名人の書いたラブレターを読んで、他の人が感動するのと同じように、「たった一人」刺さる文章になっていれば、その人と同じ「価値観」をもった人にも、ぐっと響きます。

ここで言う「価値観」とは、「思い込み」や「信念」「一般常識」など、その人の「当たり前」の世界のことです。たとえば、化粧品を売る場合でも、「無添加がいい」と信じている人と「できれば無添加がいいけれど、多少妥協しても、機能性がないと」と思う人と「とにかく最先端の美容成分がいい」と感じている人では、伝えるべきことが違うはずです。逆に、ある一定の認識を共有する人たちであれば、同じような言葉や訴求に、同じように反応するのです。

数十年前までは、この「価値観」が世代や性別によって、ある程度までは固定されていました。けれど、今は「価値観」自体も多様化し、世代や性別で区切ることができなくなっています。たとえば、「無印良品が好きな人」と「ＩＫＥＡが好きな人」と「ニトリが好きな人」と「Francfranc（フランフラン）が好きな人」では、老若男女を問わず、それぞれ独自の「価値観」を持つグループが作られていると思いませんか。

もちろん現在でも、「専業主婦か、働いているか」といったライフコースによって、それなりに共通の認識が存在することもありますが、従来のように、みんなが「世間一般のステレオタイプにあわせる」から起こる「価値観」の一致ではなく、むしろ「置かれた環境」によって、興味・関心が違ってくることに由来するだけで、とっくの昔に、一対一関係ではなくなっています。ですから、もはや「20代女性なら、これが響く」というような、画一的な出し方は、通用しなくなっているのです。

これからの時代は、性別や年齢を超えて、同じ趣味や考え方をもつ人たちのグループを「価値観」で絞って訴求する時代です。あなたの「たった一人のお客様」が、どんな風に世の中を見ているのか、何にイライラしていてどんなことを解決したいと思っているのか、何を判断基準にして選ぶのか、どうなったら理想的だと思っているのかを、まずは、できるだけ詳しく知り、お客様本人以上に、お客様が「何を信じて、常識だと思い込んでいるのか」について詳しくなることが、売れる文章を書くための秘訣です。

10

たった一人に書いたメッセージでも、共通点がある人すべてに響く。「誰」に伝えるかをしぼって、「価値観」を特定しよう。

第3章

「そのうち買おう」と先延ばしにされずに、即決されるには?

～「思わず引きつけられる」には先がある～

Reason why women buy impulses

欲しくなる!

point
11

チャンスは1度しかない!

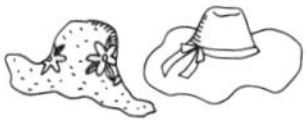

1行目で売れるなら、他の文章は要らない

▼情報過多の今、次の機会はない

なんとなく気になっているけれど、買うまでに至っていない時には、いったい何を伝えればいいのでしょうか。

まだ明確に「欲しい」と思っていない段階ですから、たいていの場合、いきなり「値引き」を提示されても、「期間限定」や「数量限定」であおられても、心が動きません。なにしろ、今買わなくても困らないし、他のものでもいいと感じている状態なのです。たとえて言うなら、初対面で結婚を申し込まれているようなものです。

ですから、何よりも大切なのは、順番。「え？　何？」と振り返ったばかりの人には、まずは「欲しい」気持ちがじわじわ高まっていく情報から見せていく必要があります。その上で、星の数ほどある他の商品やサービスの中で、あえて「選ぶべき理由」を明快に伝えなければ、いつまでも「決め手」に欠け、買うことができません。

もちろん、生活圏が限られていて、店の数が少ないなら、何度も会う中で親しくなり、次の機会に買うこともあるかもしれません。けれど、もはや「店の前を通りがかって買い物をする」時代ではないのです。どこに住んでいても、モノも情報も洪水のように押し寄せてくる中では、せっかくネットやチラシで見つけてもらえたとしても、その場で即決されなければ、再会できる可能性は極めて低くなります。たった1度のチャンスを逃すわけにはいきません。

だからこそ行き当たりばったりに案内をするのではなく「いかに目的とする行動を取ってもらうか」、別の言い方をするなら「どうすれば途中で離脱されないか」を、あらかじめキチンと設計しておかなくてはならないのです。

▼いつでも、次を読ませる見せ方を

セールスライティングの世界では、「一行目は二行目を読ませるためにある」と言われています。一行目の目的は「売る」ことではないのです。もちろん、たった一行の文章で売れるならば、それに越したことはありませんが、たいていの場合、一言二言で売れるわけではありませんよね。

だからこそ、一行目の役割は、あくまで、お客様の興味を引き、「次を読みたい」気持ちにさせること。次々に読み進んでいただいてこそ、本来の目的を達成できるのですから、当然、二行目を書く時は、三行目を読ませることだけに集中します。

まずは、「お客様がすでに興味がある話」からはじめて、飽きずに続けて読んでもらうのが第一歩。いきなり商品のことを書くことが必要なわけではありません。どんなに想いをこめて書いた文章であっても、途中で離脱されてしまっては、売れないのです。まずは、次々と流れるように「先が読みたくなる」文章を優先し、お客様の心の準備が整うまでは、絶対に売ってはいけません。

▼お客様にとっての必要十分を極める

私たちが必要としている文章は、テレビCMで使われている「キャッチコピー」とは、似て非なるもの。単に「いいイメージ」を記憶に残して、次に繋げるのではなく、読み進めるほどに「今すぐこの場で行動する」のに必要十分な情報を正しく理解していける文章がゴールです。

ですから、いつどんな形で見せれば、お客様の心が動き、思わず行動してしまうのかという論理構成こそが、最重要。多少、文章が下手でも、デザインが素人くさくても売れていく秘密は、説得の技術にあります。ぜひ、お客様が思わず「今すぐ欲しい」と思えるロジックを意識的に作るようにしてみてください。

11

何をいつ見せるのか、タイミングが命！
常に、ゴールを意識して、まずは続きを読ませよう。

テレビCMのコピーと セールスコピーは違う！

テレビCMや看板の文章（Mass Marketing） ＝ 「今度」買ってもらう文章

・イメージUP
・記憶に残す
・「面白さ」や「語呂の良さ」を重視

なんとなく「良さそう」次につなげられれば成功

インターネットやチラシで必要な文章（Direct Response Marketing） ＝ 「今すぐ」売る文章

・行動させる
・続きを読ませる
・「心理誘導」を緻密に計算

その場で即決させることが最重要

欲しくなる!

point
12

お客様は、困っている

どうして、
星の数ほどある「似た商品」の中から、
あえて「これ」を選ぶべきなのか?

▼そもそも、必要性が理解できない

せっかく興味をもったとしても、買うかどうかは別問題です。どんな場面で役に立ち、類似商品とどこが違うのかがハッキリわからなければ、即決できません。つまり、①自分にとっての必要性が具体的にイメージでき、②他の解決策との違いに、ちゃんと納得できる説明が必要です。

「こんなことくらい、わかるだろう」というあなたの常識は、一般の人にとっては非常識です。気づいていないから、何も対策を取っていないのです。深刻ではないから、すぐに忘れてしまいます。つまり、まずは今の生活に「問題」があることをしっかりと認識してもらえるような情報の提供からはじめなくてはいけないということは、再三お伝えしてきた通りです。

けれど、たとえ「問題」に気づいていても、すぐに解決しようと思えないことだっ

説得の手順

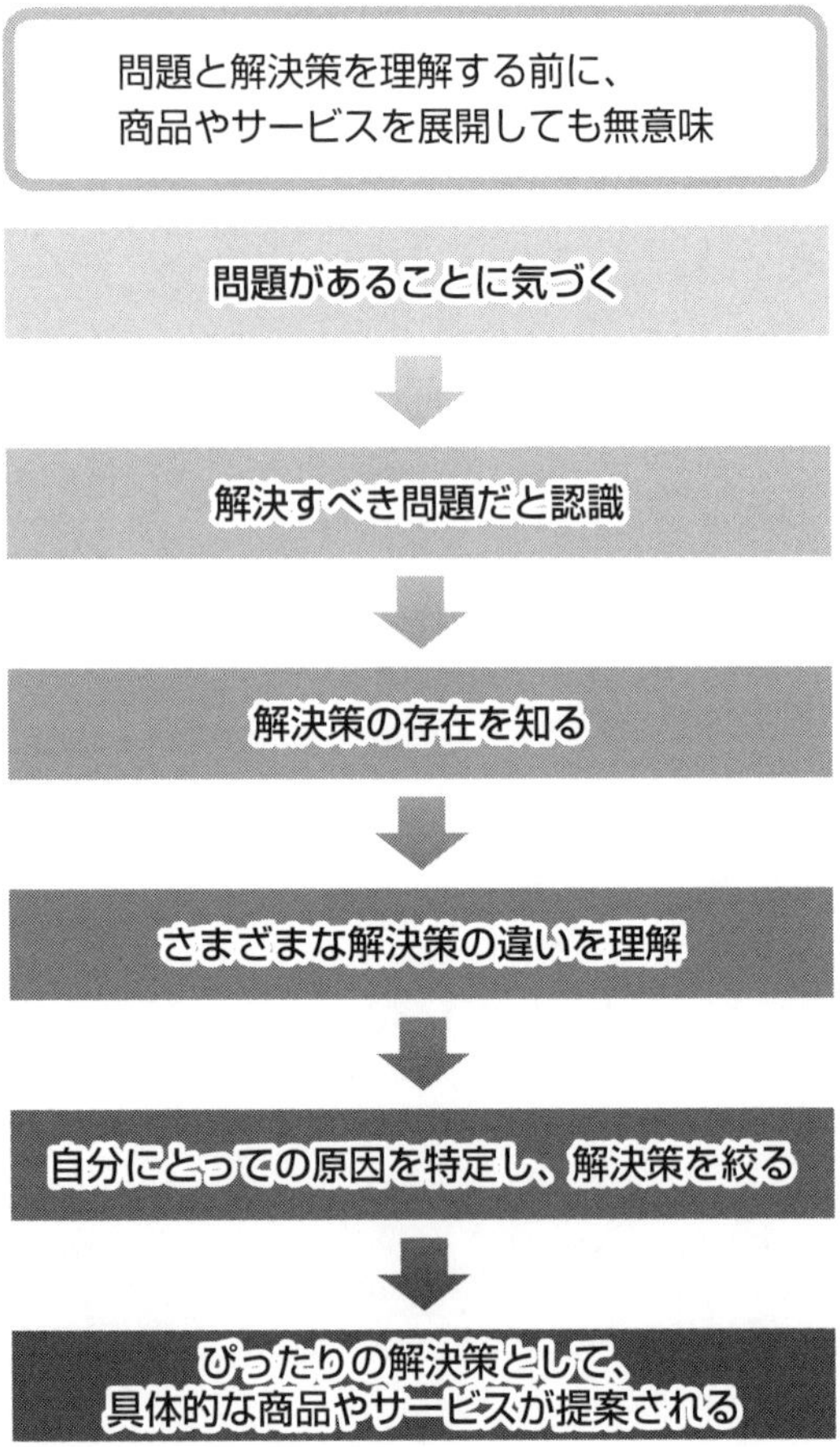

問題と解決策を理解する前に、
商品やサービスを展開しても無意味
問題があることに気づく
解決すべき問題だと認識
解決策の存在を知る
さまざまな解決策の違いを理解
自分にとっての原因を特定し、解決策を絞る
ぴったりの解決策として、
具体的な商品やサービスが提案される

て多々あります。「所詮こんなもの」と現状を諦めてしまっては、購買にはつながりませんから、思っているよりもずっと簡単に解決できること、つまり、時間もお金も手間もかかけずに素早く安全に「誰でも手軽に変われる」という事実に、

しっかりとリアリティが感じられる情報が必要です。

▼よくわからないから、困っている

多くの人は、自分がその商品やサービスを使った時に、どんな風に変わるのかがイメージできません。実際に、体験したことがない以上、想像のしようがないのです。

たとえば、あなたが高校生だった頃。大学進学の素晴らしさをいくら熱心に語られても、参考にできる「似たような経験」がないため、イマイチ具体的な場面を描けなかったのではないでしょうか。抽象的な概念論として、なんとなく理解するだけでは、感情が動きません。むしろ、実際に志望校を見学したり、身近な先輩のリアルなエピソード聞くほうが、やる気がでるものですよね。

同様に、あなたのお客様も、あなたの専門分野については、知識も経験もない

状態です。読みながら、「これって、どういうことだろう」「自分にとって、どういう意味があるのだろう」といちいち照らしあわせていると、時間もかかるし、疲れてしまいます。そのうえ、これまでに一度も経験したことのない商品やサービスは、うまく想像できないもの。イメージできないのに、「欲しい」気持ちが起こるなんて偶然はありません。わからないから、買えないのです。

だからこそ、テレビ通販などでは、実際のお客様の日常生活で「どんな素晴らしい未来を実現できるか」を具体的な場面として切り取って、説明しています。どう役に立つのか、どんなに効果的なのか、これまでの生活をいかに変えてくれるのかを、売り手側が使用シーンとして見せることで、ようやく自分にとって何がどういいのかが伝わりはじめるのです。

▼選べないから、困っている

お客様が欲しいのは、あくまで「問題の解決」であって、あなたの商品やサービスではありません。類似商品や別のサービスであっても、欲しい結果が得られるなら、どれでも構わないのです。なのに、なぜあえて、あなたを選ばなくてはいけないのでしょうか。その問いに売り手がハッキリと答えられないのに、自然に買い手に良さが伝わることなんてありません。「選ばれる理由」が明確でないモノやサービスが売れることはないのです。

たとえば、子どものピアノ教室を探している時の目的は、人によってさまざまです。楽譜が読めた方が将来の可能性が広がると考えているのか、楽器の演奏が脳の発達によいと考えているのか、情緒面での良い影響を期待しているのか、個性を伸ばしたいと考えているのか、社会性を身に着けさせるための手段の一つなのか、あわよくばプロのピアニストにしたいのかなど、目的によって、選ぶ基準はまちまちになります。当然、それぞれのお客様にとって、知りたい情報だって違うでしょう。

もっと言うなら、「それぞれのピアノ教室の違い」がわからない以前に、「どうやって選べば、自分の目的が果たせるのか」という選択基準がわからず、困っているのです。その業界にいると当たり前になっている細かなジャンル分けは、素人にはわかりません。ですから、うちは、誰向けの何を提供しているのか、どんな人には向いていて、逆に、どんな人は他所に行ったほうがいいのかを打ち出すだけでなく、いったい「どういう基準で選べば、自分にとって最適なのか」をキチンと伝えることが、大切です。

あなただって、「正しい選び方」を教えてくれる人のことを、自動的に「そのジャンルの専門家」だと認識し、その人のオススメする通りに買いたくなることがありませんか。スポーツ用品や楽器を選ぶ時など、専門知識のある人に相談しながら買う場面をイメージし、同じことができないかを考えてみてください。

12

専門家の立場から、プレゼンする必要あり！どうして自分に必要なのか、そして、何を基準に選べばいいのかを明示しよう。

欲しくなる!

point
13

どんな商品やサービスにも、メリットはある

眠っている宝物を、どうやって探せばいいんだろう?

▼売れない商品など、1つもない

買いたい気持ちがあっても「決め手に欠けて、買いきれない」のは、他の商品やサービスとの「違い」、つまり、他とは異なる独自の「価値」が伝わりきっていない時に起こります。類似商品の中であえて「選ばれる理由」がわからなければ、お客様は「欲しい」という気持ちに、合理的な根拠をもつことができません。自分で自分をうまく説得できる材料がないと、どんなに「欲しい」ものでも買うのが難しくなってしまいます。

ところが、「どうしてお客様が選んでくれているのか」を考え始めると、つい「他人の芝生の青さ」が気になって「他所の商品やサービスの方が優れているのではないか」と心細くなり、いったい何をどんな風にお客様に伝えればいいのかがわからなくなる方も多いのです。

けれど、安心してください。誰でも「100円均一の商品」を買う一方で、「高級ブランド店」でお買い物をする時がありますよね。「欲しいタイミング」が違ったり、「求めている品質」が違えば、それぞれ別のニーズが存在するのです。

つまり、どんな商品やサービスでも、心から喜んで買ってくださる「ど真ん中のお客様」がいるはずですから、「あなたの商品やサービスがなくなったら困る」と言ってくださるお客様を探し出して、その人に届けることだけを考えればいいだけなのです。

なにしろ、他社だって「自分が一番得意な分野」でアピールをしているので、もしあなたが他社の広告戦略に引きずられ、他社が強いポイントで戦えば、はじめから負けが確定します。むしろ、ルールを変えなくてはいけません。

あなたの商品やサービスには他にはない強い分野が必ずあるはずです。他社がもっていない自社の魅力を、積極的に打ち出していくことで「選ばれる基準」を自社に有利なものにを変える必要があります。

▼よくある商品でも、強みは作れる

他社が追随できない商品力や実績がなくても、問題ありません。あなただって、まったく同じ商品を扱っているお店の中から、あえてどこかの店を選んで買い物をしているはずです。売る人が変われば、同じ商品でも違った価値を持つので、何か別の基準で、買う場所を選んでいただくことは、可能なはずです。

ですから、よそが作った評価軸で戦うのは、やめましょう。商品力がなければ、人柄で売ればいい。実績がないなら、サポート力で売ればいいのです。大手企業が、個人のキャラクターを立てた販促をするのは難しいのですが、小さな会社であれば、スタッフの顔が見える関係を構築することができます。

たとえ、自分では自分の魅力がわからなかったとしても、事実、あなたから商品やサービスを買ったお客様がいるのです。あなたが無自覚なだけで、すでに「選ばれるだけの理由」があることは、明白ですよね。

ぜひ、お客様に「どうして、似たような商品やサービスの中で、あえてうちを選んだのか」を聞いてみてください。「そんなことを聞いて嫌われたらどうしよう」という心理的ハードルを感じられる方がとても多いのですが、心配には及びません。もしあなたがお客様の立場なら、すんなり答えることができる質問ですよね。嫌な感情になるわけでも、いぶかしがることもないはずです。

ですから、あまり悩まずに、軽く聞いてみれば大丈夫。きっと意外な答えが得られて、販促を考える上でも、商品やサービスを考える上でも、とてつもなく大きなヒントを見つけられるはずです。

13

自分の魅力は、当たり前の中にある。第三者の視点を借りて、自分の魅力を再発見しよう！

魅力発見マトリクス

商品力

凄そうなデータ

実績・歴史・専門性
（客観的な評価）

- 創業30年以上／業界で草分け的存在（親会社可）
- 新聞／雑誌／テレビ／ＳＮＳ掲載歴（広告掲載可）
- 海外でのヒット歴／有名人利用／専門家推薦
- カリスマ技術職／憧れの人／有資格者が開発
- コンテスト／ランキング受賞歴／行列ができる
- 機能性／効果効能／難関資格取得／指定業者
- 偉人や古典的名著など権威ある言葉を引用
- 国の統計データやＮＨＫの特集番組などの活用
- 検査体制の充実／認定工場／無添加／無農薬
- 売上高／販売個数／利用者数／満足度／継続率

こだわりストーリー

苦労話・作り手の想い
（主観的な価値）

- 開発者や原材料の生産者が長年生産、研究開発に携わっている
- 業界での当たり前を逆転
- 会社の沿革に特長がある
- 原材料や素材の歴史／地理的エピソード
- 社長や研究者本人や家族の悩みの解決がきっかけ
- 開発途中何度も失敗して諦めかけた
- ユーザーからの希望による開発

信頼 ⟷ 共感

サポート・個別対応・社会貢献
（柔軟な商品提供と親切な接客）

- 手作り／一点もの／カスタマイズＯＫ
- ラッピング／ギフト／のし対応
- アフターフォロー／修理の充実
- 保証／対応時間／適用範囲
- アットホームな対応／丁寧な案内や手紙
- 地域貢献／クラウドファンディング

あたたかさ・安心感

人柄・活気・キャラクター・個性
（売り手の魅力）

- 店長など特定人物にファンがつく発信
- 社内からの発送／親身なアドバイス
- スタッフの顔が見える／社内事情暴露
- お人好し／不器用／一生懸命／人のため
- 不利な立地／極端にニッチな専門性

応援したい・身内意識

人間力

※男性には統計資料、女性には共感につながる数字を
※「客観的に比較できる凄さ」と「主観的に感じる凄さ」の両方が必要
※景品表示法の範囲内での表現になるように注意

欲しくなる!

point
14

材料が、揃っていないから、書けない

そもそもどんな状態にある誰が、一番喜んでくれる「お客様」なのだろう？

▼書けない原因は、リサーチ不足！

「文章を書こうとパソコンの前に座って、ふと気づけば3時間。何も進んでいない」という症状に、心当たりはありませんか。すらすらとあふれるように文章が出てくる人と、文章を書くのが苦手な人との違いは、どこにあるのでしょうか。

実は、文章が書けない最大の原因は、たいていの場合、「誰に向けて書こうとしているのか」が、具体的になっていないことにあります。

マーケティングやセールスライティングの世界では、3C（顧客、競合他社、自社商品）という言葉があり、まずはそれぞれがどういう状況にあるのかをリサーチすることからはじめることが多いのですが、実は、この3つは同じことを指しています。本当に調べなくてはいけないのは、たった1つだけ。実際に買ってくださる「お客様」の気持ちが、手に取るようにわかるようになることこそが、真の目的です。

事実、あまりに自社商品に詳しくなりすぎると、お客様の知識量とかけ離れてしまって、かえって売れなくなります。つい言葉遣いが専門的になってしまったり、比較ポイントや興味を持つ内容がどんどんズレていきがちなのです。

ですから、本来リサーチすべき「Company（自社商品）」とは、専門家としての商品知識を探求するものではなく、「お客様の目で見たら、自社商品がどう見えるか」ということなのです。

同様に、「Competitor（競合他社）」についても、お客様が比べる可能性が高い類似商品の範囲内で、お客様が比べるだろうポイントを理解していれば十分です。どこまで調べてもキリがありませんし、お客様がついていけないほどのマニアックな検証をしても、あまり意味がない場合がほとんどです。

もちろん、マニア向けの商品・サービスなら、業界に詳しい人たちにとって嬉しい情報が必要ですから、すべては「お客様視点に立てるか」が鍵を握ります。

もしあなたのお客様が、他に何を試したことがあって、今、どんな不満やイラ

「3C」も、お客様目線で考える

市場・顧客 Customer

- お客様は、どの程度、欲しいと思っているのか
- お客様は、何にイライラしていて、どんな理想を思い描いているのか
- お客様は、普段、どんなライフスタイルで、どんな行動をするのか
- お客様は、どんな言葉遣いをしているのか
- お客様は、買う前に、どんな情報を必要としているのか

競合他社 Competitor

- お客様は、業界や商品に、どの程度の知識をもっているのか
- お客様は、どこのどんな商品やサービスと比較検討するのか
- お客様は、過去にどんな商品やサービスを使った経験があるか

自社商品 Company

- お客様は、どんなポイントで自社の商品を見ているのか
- お客様が他ではなく、この商品・サービスでなければダメだと思う魅力はどこか

イラがあって、何に不信感をもっており、どんな情報なら興味をもち、本当はどんな理想を持っていて、何と比べてどんな観点で選ぶのかがわかっていれば、書くべきことを考えるまでもなく、すらすらと言葉が出てくるはずですよね。

ですから、できるだけ、実際にお客様に会って、話す機会をもつことが、非常に重要です。対面ですら売れないものを、文章で売ることは不可能です。何をどんな言葉で説明すれば響くのか、買う前にどんな質問をされるのか、どんなキッカケで買おうと決めるのか、逆に、なぜ購入を踏みとどまるのか。

アンケートでは見えてこないリアルな情報を、五感を通じて得ることができれば、「書けない問題」は一瞬で解決します。すべては「市場・顧客 Customer」を知ることから、はじまるのです。

▼いろんな方向から書こう

同じ商品でも、年齢や生活スタイルが違えば、使う場面も違ってくることがあります。特に、女性の場合には、3~5歳刻みでいつも考えている内容や、悩みがガラリと変わる傾向があり、細かくリサーチする必要があります。

たとえば、ゴールデンウィークにBBクリーム（スキンケア効果の高いファンデーション）を売る場合。30代の子育て世代は、時間がない中、ぱぱっとメイクを済ませたいし、うっかり日焼けによる肌老化が気にかかるため、紫外線対策を訴求すると響きます。けれど、同じ商品を60代の女性に売る場合には、自由な時間はたっぷりあるし、積極的に野外に出る機会は少ない人がほとんどです。むしろ、友達と食事に行った時の若見えや、過去にコンシーラーで経験した失敗を簡単に解消できる商品として見せるほうが売れるはずです。

ややこしいことに、普段のお買い物では「気持ち年齢」が重要になるため、実年齢が60代でも30代と同じ感覚をもっている人には、30代と同じようなポイントが響くこともあります。一方で、生活スタイルが変われば、考えも行動もまったく違ってくるもの。実際に聞いてみないとわからないことがたくさんあるからこそ、リサーチは欠かせないのです。

ですから、女性が女性の商材を書く場合であっても、自分の経験を参考にできるのは、自分がターゲット年齢にドンピシャで、かつ生活スタイルや金銭感覚が合致している場合だけ。たった5歳離れるだけでも、言葉遣いも、共感できる要素も、共通体験も少なくなっていきます。わからないことを前提に、実際に商品やサービスを購入した人に話を聞き、反映させていくことが重要なのです。

逆に言うなら、リサーチさえすれば、これまで考えもしなかった見せ方が可能になる、ということでもあります。同じ商品やサービスであっても、ところ変われば、まったく違う用途に役立ててもらえることがあるはずです。お客様は、自分の生活に近い話ほど、前のめりになって聞いてくれるものですから、たくさんネタを仕入れることほど、大切なことはありません。商品やサービスとうまくマッチングする場面を増やすほど、さまざまな角度から、より響く言葉を探し出すことができます。

14

材料を揃える作業が、8割。新鮮な素材さえあれば、文章は下手でも売れる。

欲しくなる!

point
15

売り手の言うことは、うさん臭い

安心して読める文章に、なっていますか?

▼続きを読むにも、信頼が必要

お客様にとって、つい引き込まれていく興味深い話というのは、これまでの常識がどこか覆されるような内容です。「続きを読まなければ、損をする」と感じるのは、自分の知らない新しい話がありそうだからこそ。

けれど、お客様にとって驚く内容であればあるほど、読んだ瞬間に「まさか！嘘でしょ?」と思われることも多くなります。「胡散くさい」と思いながら、先を読み続けることはできません。

ですから、続きを読んでもらうためには、その前後に「確かに本当らしい」と思える情報を提示し、「このまま続けて読んでも、安心」だと感じていただく必要があります。

▼信頼は証拠の質と量で決まる

小さな約束であれば、「ささやかな証拠」しかなくても信じられますが、お客様にとって意外な事実であるほど、「驚きに見合うしっかりした証拠」でバックアップしていかないと、続きを読みたいとは思えなくなってしまいます。つまり、売るための文章を書くときには、「続きを読む」ことを躊躇させないだけの「証拠」が必要なのです。

信じられるかどうかは、証拠の「質」と「量」で決まります。たとえば、そのジャンルの専門家の推薦の声1つと、一般のお客様の感想では、重みが違いますよね。客観性や専門性が高く、お客様にとって「信憑性が高い」と感じられる証拠であるほど、少ない量で十分な証明になります。逆に、そこまでの権威性がない場合には、信頼を「数で稼ぐ」必要がでてくるわけです。

また、できる限り「具体的な変化で見せる」ことを心がけるようにすると、証拠としての質が上がります。なんとなく「英語が話せるようになる」と言われるよりは「小学校で英検2級がとれる」と言われた方が信じられそうな気がするものです。

続きを読むにも「信頼」が必要

お客様にとって「続きを読んでもいい」と思えるだけの「信頼」が必要

質 × **量**

より信憑性の高い証拠	証拠の数
・受賞歴 ・メディア掲載歴 ・著名人の推薦 など	・たくさんのお客様の声 ・ブログ掲載の数 ・過去に、同じ会社から購入した回数 など

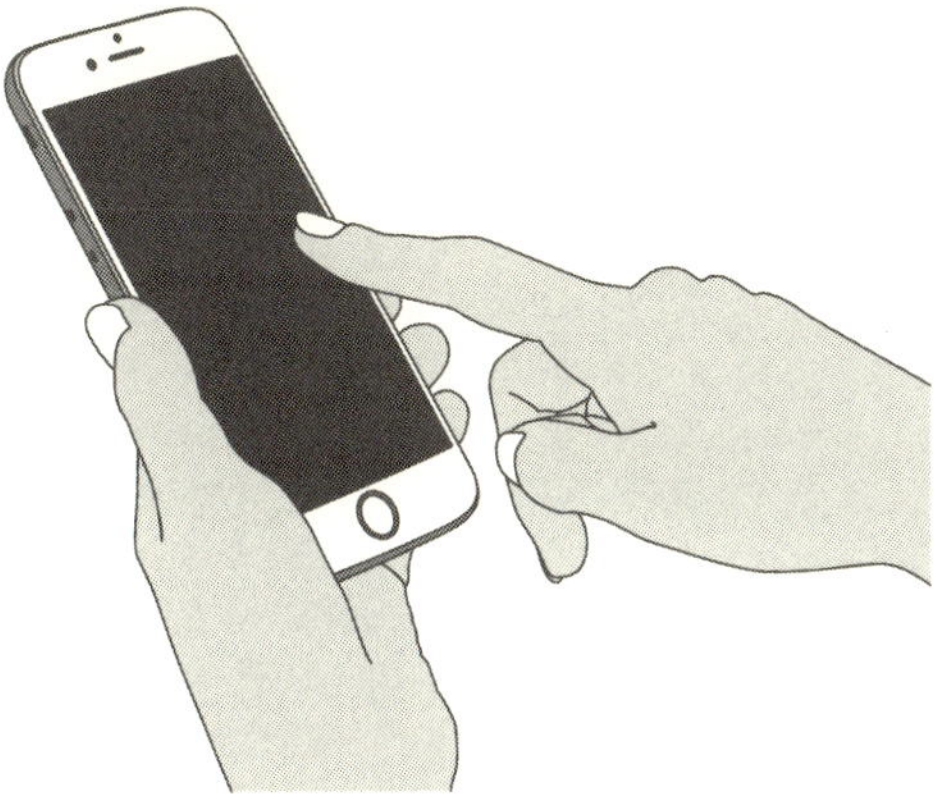

▼新事実＋バックアップが1セット

続きを読んでもらうためには「お客様にとってちょっぴり意外な新事実」と「それが本当にありうることだと思える証拠のバックアップ」とを、常にセットにして見せていくことを考えます。

自分の書いた文章に、まっさらな気持ちで向き合った時に、「続きを読もう」と思うために必要なだけの「意外性」だけではなく、それに見合う質と量を伴った「証拠」が確保できているのかをチェックするようにしてみてください。安心して読み進められる文章であることは、お客様にとって、興味をそそられる魅力的な文章であること以上に大切です。

▼業界の常識を敢えて言う

お客様が驚くような「新事実」と言っても、他にはない最新成分や独自技術が求められているわけではありません。なにしろ、一般の人にとっては、業界では常識のことだって、驚きの宝庫です。

ですから、他の会社が「あまりに当たり前すぎる」と考えているようなことを言うだけでも、お客様にとっては「そうなんだ」と意外に思っていただけるはずです。


たとえば、某掃除機メーカーは「吸引力が落ちない」点をアピールして大ヒットしましたが、他の掃除機メーカーにとっては、掃除機の基本性能と言うべき「吸引力」をあえて打ち出すなど、思いもよらなかったかもしれません。

また、「木目を互い違いに重ねる積層構造」だから安心だと宣伝していたソファもありますが、ソファの素材は、一枚板ではなく合板でできているのは、常識的。それに合板であれば、木目が互い違いに重ねてあるのが当たり前ですよね。

ですから、あえて取り上げるほどの、特別なことでなくていいのです。みんながやってる業界のスタンダード、極めて普通の内容であっても、あえて言われることで、「ちゃんと、こだわって作られているんだ」という安心感につながり、しっかりと価値が伝わるのです。

売り手にとっては、当たり前の日常で、わざわざ言うほどでもないと感じることでも、お客様にとって「聞きたい情報」は、たくさんあるもの。ですから、あなたのビジネスで、お客様にいつも驚かれるポイントを考えるだけでも、新しい証拠を見つけられる可能性があります。また、たくさんの人が誤解しているけれど、実は、専門家の立場から論理的に考えると「ありえない事実」もあるはずです。ぜひ「本当は違う」と心の中でつぶやいている事実を探してみてください。しっかり証拠とセットで見せることで、これまで途中で読むのをあきらめていたお客様の離脱を止めることができるかもしれません。

15

証拠不足に注意！
お客様の気持ちを想像しながら、続きを読みたいと思える文章に。

欲しくなる!

point 16

どうして変われるのか、証拠が必要

納得するのに必要な要素は、人によって違う

▼誰の発信かで、重みが変わる

何かを伝えようとする時には、「何を伝えるのか」「どのように伝えるのか」以前に、「誰が発信しているのか」が重要です。そもそも「この人の言うことなら信用してもよさそうだ、嘘を言わないだろう」と感じられないと耳を傾けてもらえないからです。

いくら「うちの商品やサービスは、こういうところが優れています」「すごい実績があるんです」と言われても、所詮は営業トーク。道の真ん中で「自分は素晴らしい！」と叫んでいる怪しい人と変わりません。売り手が一方的に発信している情報は「そりゃ、いいことしか言わないよね」と思われ、話半分にしか聞いてもらえないことはよくありますよね。けれど逆に、白衣を着ているだけで、お医者さんや研究員など「そのジャンルのプロ」を連想し、発言に重みが増すように感じられることもあります。

一方的に売りつけようとする発信には興味がなくても、こちらの状況をよく理解してくれる「その道の専門家」の話なら、聞きたくなるかもしれません。つまり、「誰が」言っているかによって、情報の価値は変わるのです。ですから、まずは「売れないセールスマン」を脱却し、「専門家」としての立ち位置を意識した発信をしていくだけでも、信頼性・信憑性がまったく違ってきます。

リアルな人間関係を構築するのと同じように、はじめて会った人に、いきなり売り込むのではなく、まずは先に信頼を築くことが必要なのです。

▼なぜ、変化を約束できるのか？

どんな人でも、自分の貴重な時間やお金、手間や労力を無駄にしたくないという気持ちは変わりません。たとえば、いくら資格を持っていたとしても、学校を卒業したばかりで全く経験がない人に習うよりは、この道30年の人に教わりたいと思うでしょう。自分が実験台になるのは嫌なのです。ですから、効果が出るかどうかが賭けになるような状況では、わざわざリスクを取りたいと思えるだけの理由が必要です。

必ずしも実績が必要だというわけではありません。「この人の言うことは信用できる」「この商品は確かなものらしい」「これを使えば、自分も変われそう」と納得するのに必要な要素は、実は、人によって違っているからです。

性能や機能などのデータが重要なタイプの人もいれば、流行や伝統を重視する人もいます。想いやこだわりを語ること自体が「変われそう」と思うキッカケになる場合もあるし、自分に近い事例に共感し「きっと、自分ならもっと素晴らしい効果があるに違いない」と感情移入できることが重視される場合もあります。

つまり、あなたのお客様が、自分も変われると信じられるには、何が「証拠」になるのか、何が最終的な「決め手」となって、信用できると判断するのかは、どんなタイプの人が集まっているのかによって決まってくるのです。意識的に、どんな人にも響く「証拠」をまんべんなく揃えて見せる工夫も必要ですが、自分のお客様の傾向をつかんでおくことは、もっと大切です。

▼付随的な情報にこそ、価値がある

お客様は、商品やサービス自体の効果効能以上に、その周りにある「情報」に価値を感じ、お金を払っています。

たとえば、スーパーの野菜売り場で、作り手の顔写真と想いが掲示してあるのを見て、「なんだか良さそう」と感じたことはありませんか。レストランで、シェフ自らが丁寧に説明してくれた後で食べるのと、食材も産地も銘柄も意図もわからないままで、なんとなく出されたものを食べるのとでは、味が違ってくる可能性がありますよね。

せっかく「こだわり」があっても、キチンと伝えないと理解されません。あなただけが密かに知っていても、言わなければ、わかるはずがないのは当たり前です。

あたたのお客様は、何を語れば「欲しい」気持ちになるのでしょうか。本当のところは、いったい何に価値を感じているのでしょうか。お客様が何を重視しているのかを知っていれば、もっと刺さる言葉や響く文章を作ることができます。
あなた自身の考えではなく、「お客様がどう考えているか」を知ろうとする努力が、大切です。

16

専門家の立ち位置が、大前提。
その上で、自分のお客様にとっては、何が「証拠」になるのかを知ろう。

欲しくなる!

point
17

今すぐ行動すべき理由がない

どうして、いつも先延ばしにするのに、
今回に限って買ったのか？

▼これが足りないから売れない

単に「欲しい」と直感的に感じただけでなく、キチンと説明を理解して「他ではないコレが必要だ」と論理的に納得できたとしても、まだもう一つハードルが残っています。なにしろ、文章を読む直前までは、まったく問題を感じておらず、それ無しでやってきたのです。つまり、今すぐ手に入れなくても困らない商品やサービスだったのですから、このままの状態で放置すれば、「今じゃなくてもいいか」「また今度、買おう」と、先延ばしにされてしまいかねません。

あとひと押しが足りずに売り逃してしまう結果になってしまったら、ここまでの努力が水の泡。何より、せっかく解決策を見つけられたお客様にとっても、最後の最後で、必要な情報が足りないために買い切れないとしたら不幸なことです。「そのうち買おう」と考えている人には、「今すぐ買わなきゃ」と思える「何か」を提供する必要があります。

▼買わない理由は、いくらでもある

誰でも「欲しいものを買う時」の「言い訳」は、いくらでも並べられるものですが、「買わない理由」も、無限に思いつくものです。中でも、買うのを躊躇する3大理由「お金がない」「時間がない」「自信がない」は、どんな商品・サービスにも共通です。

けれど、それらはすべて、単なる「言い訳」にすぎません。結局は、優先順位の問題なのです。本当に欲しければ、借金をしてでも買います。理想的な未来が手に入ることを確信しているなら、時間だって無理にでも作ろうと努力するものです。要するに、「買わない理由」は、お客様の中での優先順位を上げきれていない状態にある、というだけなのです。

▼今すぐ買うのがベストだから、即決する

購入を検討している時には、「買うべき理由」と「買うべきではない理由」がせめぎ合っている状態です。お金も時間も有限ですから、常に他との取り合いが起こるもの。ですから、他よりも優先するべき理由、衝動買いを正当化できるだけの言い訳がたくさんないと、最後の行動につなげることができません。今すぐ手に入れなければいけない理由を積極的に増やしてあげる必要があります。

たとえば、「今だけ」という「期間限定キャンペーン」は、優先順位を上げる言い訳の一つ。「クリスマスだから、まぁいいか」「SALEで安いから、今がチャンス」「どうせなら特典がついている時に買うのがお得」「お試しするだけなら、やってみようかな」など、自分で自分を納得させることができる「今すぐ買うべき理由」が提示されていることに、意味があります。

結局、お客様にとって納得感のあるものであるなら、理由はなんでもいいのです。一時期「発注量を一桁間違えて、仕入れすぎました。店長に怒られる前に、激安で大放出するので、助けてください」という売り方がブームになったことがありますが、お客様にとっては、自分の行動を正当化できるのに足りる理由であれば、合理性は無関係。値引き以外にも、数量限定、期間限定、限定セット、プレゼントつきなど、希少性を上げるアイデアは、いろいろあります。お客様が今すぐ行動すべき「言い訳」をできるだけ増やしてあげることこそ、セールスライティングの本質です。

▼リアルと同じ接客が必要

「欲しいけれど、どうしよう」と迷っているお客様には、決断を後押しする最後の一言が必要です。チラシであっても、ホームページであっても、対面販売と同じ接客が必要なのは、当たり前。

たとえば、リアル販売で「すごくお似合いです（御社のニーズにぴったりです）」「今、すごく人気があるんです」「最後の一点です（今だけのキャンペーンです）」「どうせなら、1ランク上げる方が断然オススメです」「すごく使いやすいですよ」などと言われて、購入を決めた経験があるなら、その一言を応用できないかを、考えてみてください。

もし、これまで、レギュラー商品しか販売したことがない場合でも、新規のお客様が気軽に参加できるような見せ方を用意することは、可能なはずです。

お客様の立場から考えれば、たとえ中身は変わらなかったとしても「お試し」「体験」と言われれば、気軽に行ってみたくなりませんか。そうでなくても、最終決定を後押しできるポイントは、他にもありますよね。

ぜひ既存のお客様に「どうして、いつも先延ばしにするのに、今回に限って買ったのか？」と聞いてみてください。意外な理由がわかったら、他のお客様にも同じ内容を伝えれば、きっと即決を強力に後押ししてくれるはずです。

17

ちゃんと背中を押してあげられていますか？
既存客が、どうして買うという決断をしたのか、聞いてみよう。

第4章

「今すぐ欲しい人」に、何をどう伝えるのか

～うっかりミスで、取りこぼさない！～

Reason why women buy impulses

欲しくなる!

point 18

「買わない」という選択肢を残さない

お客様が、最後まで「迷う」ポイントはどこにある？

▼越えるべきハードルは、まだ残っている

すでに欲しい気持ちがたっぷりあって、今すぐ手に入れるべき緊急性もしっかり自覚しているお客様であっても、それでもまだ最後の最後で買わない選択をすることは、案外よくあるものです。

「他のものでも代用できるかもしれない」
「もしかしたら自然に解決できて、いらなくなるかもしれない」
など、購買決定の瞬間に「でも、やっぱり……」と迷うポイントはいくらでもありますよね。

あなただって、何かの購入を決定する前には、一度納得したはずのことまで、また不安になってきたりするものではないでしょうか。

ですから、細かい部分まで気を抜かないことが大切です。ゴールまで一直線に

進んでいただくために、余計な障害物がないかどうか、よくよく注意を払う必要があるのです。

▼過去に経験したものと、比べている

実は、お客様の頭のなかに、次々と浮かんでくる「買わない理由」は、過去にそのお客様が、何を経験してきたかによって決まることが多いもの。というのも、「今、お客様の興味のアンテナにひっかかっている」ということは、意識しているかどうかはともかくとして、「これまでにも興味があった」ということに他ならず、「これまでにも他の解決策を試してみたけれど、うまく解決できなかった」からこそ、今また同じような情報を見ている可能性が高いわけです。

もちろん「他の解決策」といっても、単に自己流でやっただけとか、本を読んでみただけとか、もはや競合といえないくらいに、メディアも商品もまったく違うものかもしれませんが、お客様にとっては「同じ問題」が気にかかっているた

めに試した「過去の経験」であることに、変わりはありません。その上で、失敗して嫌な思いをしているわけですから、購買決定の瞬間には、無意識的に「過去の失敗の記憶」と比較することになるのも当然です。

つまり、お客様の「買わない理由」を打ち消すためには、「今回は、これまでの方法とは違っている」という納得感がなければいけません。これまでに買った商品やサービスでは「うまくいかなかった理由」がわかり、その原因が取り除かれていて、今度こそ問題が解決できると信じられるからこそ、お客様にとって魅力的に映るのです。

ですから、少なくともお客様の過去の「失敗体験」を知っていなければ、どうして今回は解決できるのか、以前のものとは何が違っているのかを、ハッキリ伝えることができませんよね。まずは、あなたのお客様が、これまでに何を試してきて、どうしてそれではうまくいかなかったのかを知る努力が必要です。

需要と供給が重なっている部分こそが、ビジネス

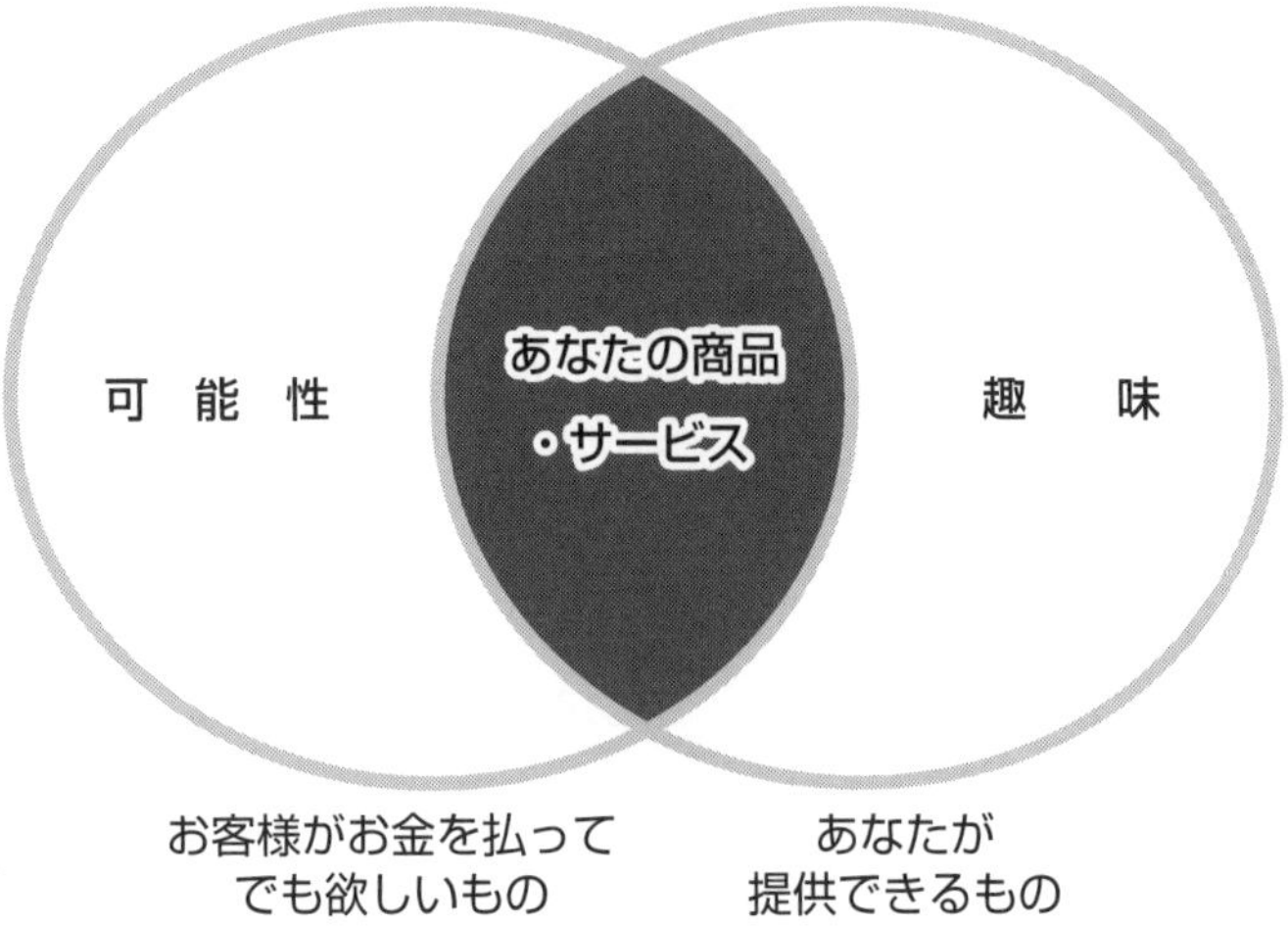

▼お客様にとって「意味のある違い」とは

お客様が過去の失敗と比較して検討しているとしても、もちろん、単に「他と違えばいい」というわけでも、「独自である」ことが重要なわけでもありません。

たとえば、「ガン専門」や「ニキビ専用」であれば、専門特化している方が「これまでよりも、効きそうな気がする」ので、需要があるでしょう。けれど、逆に、どんどんニッチになること

で、まったく求められていないところにたどりついてしまう場合もありえます。勘違いされている方が多いのですが、独自性を追求すれば「売れる」わけではないのです。むしろ、純粋に「お客様目線で欲しくなるポイント」「求められている違い」をはずさないことが重要です。お客様にとって、「これさえ解決すれば、すべてうまくいく」と思える「納得感のある違い」であってこそ、はじめて「買いたい」気持ちが生まれます。

18

トコトンお客様目線で考えることが、大切。
過去のいやな思い出とは異なるポイントを説明しよう。

欲しくなる!

point
19

きちんと「伝わる」ことが最優先

その文章の「目的」は、何？

▼ちゃんと伝わっているかに、心を配る

何を意図しているのかがわからない文章は、読んでいて疲れますよね。「これって、どういうことだろう?」といちいち推測するには、頭のエネルギーを余分に消費します。ですから、ハッキリと一義的に理解できる文章になっている必要があります。

たとえば、「自宅でやっています」と書いてあるだけでは、「だから、何?」という隠された内容を、いちいちお客様が考え、補いながら読まなくてはいけなくなります。その上、その推測は、あなたの意図したものとは違ってしまうかもしれないのです。

お客様はこれまでの自分の経験から、「自宅」という言葉にそれぞれ異なるイメージを投影します。もちろん、くつろげるイメージや、隠れ家的なポジティブ

な捉え方をする方もいるかもしれませんが、一方で、チープで片手間で、腕もイマイチなのだろうとネガティブな印象を抱く可能性もありますし、まったく別のものが頭に浮かぶ方も、何もイメージが広がらない方もいるかもしれません。

ですから、もし「自宅サロンだから、経費が押さえられられて安い」のなら、ストレートに書かないまでも、ちゃんと意図が伝わるように工夫をする必要があります。

「お客様にとって、どういう意味があって、どんな風に役に立つのか」まで噛み砕いて、「どういう未来が得られるのか」という結論を、ハッキリ具体的に見せない限り、本当に伝えたかったはずの内容を、ストレートに受け取ってもらえることはありません。

伝える側が責任をもって、ちゃんと「伝わるように」書く必要があるのです。

▼頭に残るメッセージは、せいぜい1つ

かといって、いちいち長く説明すればいいわけでもありません。読むのが面倒になってしまうと、そのまま閉じられて、すべてが読まれなくなる可能性もありますよね。

ですから、すべてにおいてもっとも重要なのは、自分が「今、何を作っているのか」をしっかり把握していることです。

「目的から逆算して、どうやって見せれば一番伝わりやすいのか」

こそが、すべての判断基準になります。つまり、「この文章を読んだ後、どんな行動をしてもらいたいか」という「ゴール」を先に決めてしまい、その目的をより達成しやすくするために最適化していくのです。

ゴールを絞らないと、伝えたい内容がボケてしまい、文章自体がパワー不足になりがちなので要注意。「新規のお客様にも、リピートのお客様にも使えて、どんな層のお客様にもわかる」なんて、都合のいい文章は存在しないので、結局、誰にも伝わらないものになってしまいかねません。

総花的なものを作るのではなく、ぐっとメッセージを絞って、これだけは記憶してもらいたいという「たった1つ」のコンセプトを決めてしまうこと。そして、そのコアとなるメッセージを、切り口を変えて、何度も見せるようにすることが大切なのです。

▼再現性は、細部に隠れている

なんとなく喜ばれそうな情報を書いても、目的達成に役に立つことはありません。すべてをゴールから逆算して、戦略的に書いていくためには、常に、読んだ人の「次の行動」を予測することが重要になります。

たとえば、「問い合わせたい」のに、電話がかけられないということは、案外よくあるもの。番号が書いてあったとしても目立たなければ、探している途中で面倒になって終わってしまいかねません。営業時間が書かれていなかったり、携帯電話からも通話料無料でかけられるのかが不明だったり、どんな風に電話をかけたらいいんだろうという第一声に迷ったりすると、後回しにされる原因になってしまいます。

細かいことのようですが、「あと一息で申し込む、問い合わせる」というタイミングでは、そのちょっとした違いが、大きな差を生み出します。ですから、自分の思い込みを排し、「どう書けば、お客様にこちらの意図が伝わるのか」「どうすれば、より行動しやすいのか」を、最優先にしていきましょう。実際に誰かに見せ、どんな反応が帰ってくるのかを、確かめながら作ることをお勧めします。

19

目的に資する文章になっているか。
お客様の目線に立って、まっさらな気持ちでチェックしよう。

欲しくなる!

point
20

書くべき内容は、お客様が決める

お客様の気持ちに立って見た時に、本当に買いたくなりますか？

▼単に、マネをすればいいわけではない

書くべき内容は、商品やサービスによっても、お客様の現在の状態によっても、当然違ってきます。ですから、万能のテンプレートなどありません。

「うちのお客様」に「うちの商品」を「今のタイミングで」案内する場合には、どう見せるべきかを、真剣に考えることが大切です。

たとえば、「価値がじゅうぶんに伝わってから、値段を見せる」のは鉄則ですから、たいていの場合、値段の提示は最後の方になることが多いのが普通です。けれど、リピート購入の場合には、面倒な説明抜きで「今だけこんなに安い！」と言われた方が、興味が引きつけられる場合もありますよね。新規であっても、圧倒的にお得な「お試し価格」を見せれば、値段だけで売れていくこともあるでしょう。逆に、どんな場合であっても、しっかり説明して価値を感じていただかないとわからない商品やサービスもあるのです。

また、無料体験のチラシなどでは、体験後にかかる料金を書かない場合も多いのですが、逆に、体験後の値段がわからないせいで、申し込みが入らないこともありえます。たとえ無料であっても、体験したら入会したり、購入する可能性が高いことをお客様もわかっているような時には、「続けるとしたらいくらかかるのか、上限はあるのか」といった心配が、体験前のタイミングで気になっている場合もあるのです。

たとえ今の教室に不満があっても、比較できなければ移るに移れないという事情だって考えられますよね。ですから、場合によっては、本入会後の金額もあらかじめ詳しく書いていないと、気軽にお試しすることができなくなることもありえます。

この時、「先に、値段を書いたら来てくれないのではないか」という恐怖から書けない方もいらっしゃるのですが、「お客様目線で考えれば、どちらがより行きたくなるか」だけを考えて判断すべきです。

もし迷ったら、周囲の人にAパターンとBパターンとどちらがいいか2択で聞いてみましょう。あっという間に、どちらか一方だけに票が集まるので、きっと自信をもって、お客様のためになる提案ができるようになります。

▼そのタイミングで必要なものだけを見せる

一方で、お客様にとって、今のタイミングにふさわしくない情報もたくさんあります。お客様が、いつどんなタイミングで、どんな行動を起こそうとするのかをしっかり考えて、その目線の先に、今必要な情報だけがもれなくある状態を作ることが大切です。

たとえば、飲食店や美容室、エステなどが作る新規獲得のチラシの場合、ゴールは「とりあえず試しに来店してもらうこと」ですよね。

ところが、あまり考えることもなく、すべての料金を並べて見せ、値段表に多くのスペースを割いているために、本来伝えたいはずの特長などが埋もれ、目立たなくなっているケースがあります。

もちろん意図があって狙っているなら構いませんが、むしろ「一番人気があるメニュー1本だけ」にしぼって、それだけをオススメするように変えた方が、お客様目線でのゴールに近くなるかもしれません。


というのも、はじめてのお客様が絶対に注文しないようなものを、来店前のタイミングで見せる必要性はないはずだからです。説明もなくたくさんのメニューを見せられて、結局、自分にはどれがぴったりなのかがよくわからない状態で放置されるよりも、「ほとんどの方は最初にこれを注文する」とか、「迷った人にお勧めするならこれ」という定番イチオシがあるなら、「絶対に体験してほしい自信のあるメニュー」だけが大きく書かれている方が圧倒的にわかりやすくなるはずです。

メインで訴えるポイントは1つ、せいぜいあと2つくらいに絞って案内した方が、むしろ丁寧な説明になることが多いので、特に紙面に限りのある印刷物などの場合には、余分な説明が惰性で残っていないか、チェックしてみてください。

売れる文章、つまり、伝わりやすい文章にするためには、目的達成のために役立たないものは1文1語単位で削っていき、洗練し純化させていく作業が必要なのは、どんな場面でも同じことなのです。

20

目的のためには、絞って削ることも必要。自分が書きたいことではなく、売るために意味がある文章だけで構成しよう。

point
21

価格でも、お客様にメッセージを伝えている

ちょっとした見せ方の違いで、
感じ方が変わることはありませんか?

▼「良さそう」と思える見せ方が重要

ほとんどすべての商品やサービスは、価値を体験する前に購入を決定します。使用感や効果効能がわかるのは、お金を払った後です。たとえば、レストランで食事をする時でも、何かを依頼する場合でも、注文したタイミングで、お金を払うこと自体は確定しているので、多少品質が悪くても、基本的には、お金を払いますよね。つまり、買った時点では「本当に良い商品・サービス」であるかはわからないのです。

だからこそ、重視しなければいけないのは、あくまで「良さそう」に思えるかどうかです。もちろん粗悪品を売りつければ、次にリピートされることもありませんし、口コミで広がることもありませんから、最終的には、品質だって重要です。けれど、とりあえず1回買っていただくためには、「本当に良い商品・サービス」かどうかは無関係だということを、もっと意識しているべきでしょう。

なぜなら、ゴールが少しずれるだけで、伝えるべき内容は大きく異なります。「本当に良い商品であることを証明する」ことを目的にしてしまうと、つい隙がない論理構成を極めようとしてしまいがちです。けれど、ゴールが「良さそうに思える」というところにあるのなら、数学の証明問題のように、証拠を積み重ねる必要はありませんよね。むしろ、とにかくお客様をグッと引きつけ、とりあえず試していただくことにフォーカスした、より簡単な構成にする必要があります。

▼ハードルを上げすぎない

「良さそう」という感覚は、もちろん価格にも左右されます。無料でもらえるなら嬉しいものでも、お金を払うとなると欲しくないという場合だってありえます。それだけでなく、たとえば、はじめて見たチラシやメールから、高額な商品やサービスを買うのは、難しい場合が多いでしょう。信頼関係の構築度合いによっても、メディアの特性によっても、できることは限られています。だからこそ、通販であれば、お試し価格の商品を作ったり、講座であれば無料体験を用意したり、より安価で買いやすい商品を先に買っていただいて、良さを実感していただくステップを踏むのです。

ですから、うっかり最初から欲張りすぎていないかという点も、考え直していただきたいと思います。たいていの場合、名刺交換からいきなりセミナーに申し込んでもらうよりは、メールアドレスを登録していただくだけに集中する方が、より簡単です。高価な商品であるほど、さまざまな情報を吟味してから決定したいものですし、五感を通して情報を受け取りたいものだからです。もし売りにくい商品がある場合には、1度で売ろうとせず、階段を上がっていただくような仕組みを作る方が現実的。つまり、お客様目線で考えることが、ここでも重要になるのです。

ですから、せっかくお試し用の商品を作るなら、自分の都合ではなく、お客様の試しやすさを優先しないと意味がありません。たとえば「材料費などを考えると、どうしてもこの値段でないとできない」なら、発想の転換が必要です。お試しには、そんなにたくさんのことが求められているわけではないのです。「半分のボリュームでいいから、半額であれば行ってみたい」という需要があるならば、お客様が来やすいと感じる値段でできることを考えるべきです。

特に、女性に売る場合には、「体験」や「お試し」という名称を使って販促を考えるだけで、気軽に行ってみようかなと思っていただけることがあります。気軽さをどう演出できるのか、ハードルを下げる方法にこそ知恵を絞りましょう。

▼過去の経験を活用しよう

よくも悪くも、人間は過去の経験を参照して、行動を決めています。たとえば、「プレミアム」とか「ＥＸ」と書かれていれば、格上の商品のような気がしませんか。ですから、逆に、うっかり「価値がなさそう」に感じてしまうものを連想させないようにする必要があります。たとえば、「食パンにこだわった」カフェと表現するよりも、「一流ホテル出身のシェフが焼いたパン」の方が魅力的に感じられるものですし、無料で見られるイメージが強い「動画」という言葉よりも「オンライン講座」という名前の方が、より高そうに感じる人が増えるでしょう。

つまり、お客様の頭の中で何と比較されるのかは、書き方によってコントロールすることができるということです。同じコーヒーであっても、比べる相手が「インスタントコーヒー」なのか、それとも「コーヒー専門店」を連想するものなのかによって、「高く」感じるのか「安い」と感じるのかが違ってきます。あなたの商品やサービスの価値は、ほとんどの場合、相対評価されているからです。

松竹梅の3種類のコースを作れば、真ん中のコースがよく売れますが、これも過去の経験則から、安すぎると品質が下がってしまうだろうし、とりあえず真ん中を選んでおけば安心だろうという心理が働くからですよね。

なお、多少値上がりしても、購買決定に影響のない変動幅や「安く見える数字の並び」も存在します。ですから、価格設定の際には、税抜き金額と税込金額の候補をたくさん並べて、もっとも安く感じる金額を探してみてください。

「お客様が何と比べているのか」「お客様からどう見えるのか」という点に、きちんと注意を払うだけで、売れ方は大きく違ってくるものなのです。

21

商品構成や価格設定にも、配慮が必要。お客様にどんなメッセージを伝えているかまで、考えよう。

point
22

意外なところに潜む「ブレーキ」

購買の「ブレーキ」となる要素は、
もう残っていませんか?

▼実は「怖い」と思われている

はじめての経験や場所は、誰にとっても不安なものです。せっかく欲しいと思っていたとしても、「これから自分がいったいどうなるのか」が具体的にイメージできない状態では、決断に大きな勇気が必要で、お客様の負担が増えます。けれど、未来がハッキリイメージできれば、なんら心配することなく、より気軽に申込みをすることができますよね。

たとえば、教室やワークショップ、セミナーなどの場合には、参加者の年齢や性別があまりに自分と違っていて「場違いだったら、どうしよう」という不安がつきまとうもの。主催者側にとっては「いつもの光景」のため、当たり前になりすぎて配慮するのを忘れがちですが、お客様にとっては「自分が対象者なのか」がハッキリわからないと、たとえ興味を持っていても申し込むことができません。

ですから、受講中の生徒さんたちの写真など「その場の雰囲気がわかるもの」や、「どんな講師なのかが、あらかじめわかる」動画でのメッセージなどをできるだけ用意しておきましょう。どんな内容なのかだけでなく、タイムスケジュールや休憩の有無なども掲載されていれば、より親切です。ちょっぴり配慮するだけで、「私が行っていいのかな？」という不安は、すぐに解消できるはずです。

また、たとえ正確なビル名や施設名であっても、一般的に認識されていない呼び名であるなら、書く意味がありません。特に、国道の番号や交差点名を覚えていない女性は多いものです。たとえば、「ピンクのビルを右に曲がって、その次の信号を左」ならわかっても、東西南北やメートルでは方向や距離感がわからない人がほとんどです。ぜひターゲットに近い身近な人に、口頭で場所を説明してみて、いったいどう言えばわかってもらえるのかを試してみましょう。

もし、自宅ネイルサロンのように、住所の詳細までは公開できない事情があっても、誰がどんな場所でやっているのかをイメージできる情報くらいは用意できるはずです。たとえば、室内の雰囲気がよくわかる写真や玄関口の様子、施術者の人となりが想像できるような情報があるだけで、ぐっと心理的ハードルは下がるはず。できる限り安心材料が出せるように、ぜひ考えてみてください。

「行きたい」のに、わからない？

電話
・休業日や受付時間
・第一声「チラシを見たとお伝えください」など

地図
・国道番号、交差点名だけでなく、目印を

フォーム
・なくてもいい記入欄を極限まで減らして、入力を簡単に

ボタン
・スマホから見てイライラさせない大きさに
・押せないのにボタン風になっていないこと

▼聞かれたことの一歩先を答える

これまでにお客様から質問されたことがある内容を、ぜひ一度、すべて思い出してみてください。一人のお客様に尋ねられたことは、他の方にとっても気になるポイントのはず。お客様に聞かれる前に、あらかじめ疑問を解消できる情報を提供するだけでも、申込みの数は変わります。

「よくある質問（FAQ）」を作るだけでなく、疑問を解消する情報が入っている「お客さまの声」を掲載したり、「こだわり」などを説明する中に入れ込んで説明することもできます。また、単に「聞かれた内容」だけに答えるのではなく、「こちらが伝えたい内容」を形を変えてQ&Aに入れることも可能です。一方的に主張するだけでは、読んでもらえないかもしれない情報も、質問に答える形式を取るだけで、読んでもらいやすくなりますので、もう一歩進んだ内容を、わかりやすく伝える場としても積極的に「質問コーナー」を使ってみてください。

22

読んでいるだけで、何が手に入るかを体感できると、買いやすくなる。商品やサービスを「紙上体験」できる情報を。

チラシやホームページに入れる「地図」を見直そう

来店・来社してもらうビジネスの場合には、とにかく場所がわかりやすいことが重要です。
はじめて来るお客様の気持ちになって、方向音痴な人でも迷わない工夫をしましょう。

N G　住所とよくわからない略図のみ

O K

●電車なら：最寄りの駅（複数ある場合はすべて）と出口番号や出口名からの徒歩時間、順路の目印写真など

●車なら：駐車場の有無や駐車可能台数、最寄りの高速出口や高速を出てからの所要時間など

第5章

「はじめてのお客様」を「ファン」に育てる

～これを伝えないから、リピートされない!～

Reason why women buy impulses

欲しくなる!

point
23

いいと思っても、リピートされない！

どうすれば、もっと価値が伝わるだろう？

▼放置すれば、すぐに忘れる

「品質もいいし、お客様にも喜んでいただいている。けれど、どうしてリピートされないのだろう？」と疑問に思ったら、ぜひチェックしていただきたいことがあります。

商品やサービスに問題がないのに、次の購入につながらない理由は、たった2つしかないからです。

1つは、そもそも「使っていない」ことが原因。

たとえば、化粧品のサンプルを購入しても、届いた箱を開けないまま放置したり、開封しても「次の旅行で使おう」などと使われないままになってしまえば、なかなか次につながらないのは当然ですよね。

買っただけで利用していないなら、価値が伝わりませんし、追加購入をすることもできません。ですから、すぐに使っていただける工夫をすることが、大切になります。

そして、もう1つは、単純に「忘れてしまう」ことが原因です。
たとえば、とても居心地がいい飲み屋さんがあって「また来てもいいな」と思ったとしても、次に行こうと思った時に「あれ、どこにある店だったかな？」とすっかり忘れていることはありませんか。
もしくは、お試しサンプルを使ってみて「悪くないから、続けようかな」と思ったとしても、わざわざ自分で検索したり電話をかけたりするほどでもないと、そのままになってしまった経験も、多くの方にあるのではないでしょうか。

今は、選択肢が非常に多い上、情報があふれている時代です。たとえ満足していたとしても、うっかりしていると、同じものをリピートする前にすっかり忘れてしまったり、次の候補が現れかねません。つまり、積極的にアプローチされず放置されたままでは、実際のところは「買うに買えない」状況にあるのです。

▼「良さがわかったら続ける」の2つの嘘

また、そもそも「良さが伝わっているかどうか」すら怪しいものです。たとえば、レストランで出されたステーキに、「何も説明がない」時と「ブランド牛の希少部位で、なかなか手に入らないものだ」と言われて食べた場合の違いのようなものです。味が変わるとまでは言いませんが、説明があることで満足度が変わり、価値が上がることはありますよね。

全体の品質が向上し、どれを選んでもそう失敗しない程度には良い商品がそろっている時代ですから、競合との違いは微差にすぎません。つまり、今や商品の価値は「情報」からできている割合が高くなっているのです。何も伝えないいま放置していては、本当に「いい」かどうかの判断は、誰にもできないかもしれないくらいです。

それに、よく読みもせず、気分で買うことだってありますよね。あなただってあまり知らないままで買っているにもかかわらず、自分が売る側に回った瞬間に、お客様が詳細まで理解して買うことを求めるなんて、無茶な話です。
もしお客様が、特段、思い入れがない状態で手にしているとしたら、商品やサービスには満足したとしても、あえて「あなたから買う理由」にはならない可能性が高くなります。

いずれにせよ、「良さがわかったら、続けてくれるだろう」などと自然発生的なリピートを期待しても、あてが外れます。ですから、何にこだわって、どんな想いで作られたのか、他と違って何が良いのかを、「購入後」にこそ積極的に伝えていく必要があるのです。

▼「選ばれる理由」になる情報を

「新規のお客様がもっと増えれば、ビジネスが安定するのに」という幻想に取り憑かれている方が多いのですが、冷静に考えてみてください。宣伝広告費が年々値上がりしている今、一回だけの購入で終わってしまっては、利益が出ない場合も多いのではないでしょうか。

新規客をいくら取っても、まったくリピートされない状態では、まるで穴の空いたバケツに水を入れるようなもので、何も残っていきません。

ですから、新規客ばかりを追い続けるのではなく、リピートを取るために何ができるのかを、まずは先に考える必要があります。

「はじめて客」は、しょせんお試しに過ぎません。一歩進んで、他ではなく「あなた」でなければ困ると思っていただける情報が必要なのです。

何を伝えればもっと価値を感じていただけるのか、どうすれば自分たちが発信する世界観を好きになってもらえるのか、そして、忘れられずにスムーズにリピートにつなげることができる情報とは何なのか。リピート注文を獲得するために、手間をかけ、既存客への発信を真剣に考えることこそ、事業の安定化につながります。

何もしなければ、お客様は、商品やサービスの「良さも理解していないし、使わないし、すぐに忘れる」ということを肝に命じ、しっかりと価値を感じていただけるフォロー体制を築きましょう。

23

伝えなければ、わからない。リピートのお客様には、「選択肢」に入り続ける情報を。

購入後の「サポート」ができる体制を整える

【例】

・同梱チラシ

・メール（ステップメール／メルマガ）、「ＬＩＮＥ」でのサポート

・ハガキ、ダイレクトメール

忘れられないように、適度な「接触頻度」を保つ

リピートのタイミングに、適切なお誘いをする

他ではなく自社を「選ぶべき理由」を明確にする

自社のこだわり（価値観・世界観）を伝える

イベントやキャンペーンの案内をする

欲しくなる!

point
24

購入後にも、不安がある

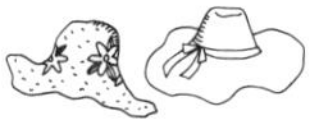

どのタイミングで
お客様の気持ちが下降するのか、
キチンと把握していますか？

▼効果的な使い方がわからない

リピートされない理由の一つ「使っていない」には、いくつかバリエーションがあります。

たとえば、「使い方が間違っている」と、効果が出にくくなるのは当たり前。そこで、単に「使っていただく」工夫だけではなく、「正しく使っていただく」ために必要な情報も、きちんと伝えることが大切です。

よく家電には「かんたん取扱いガイド」のような、それだけを見れば使い方がわかる図解の説明書が入っていますが、同じようにコスメ業界でも、パッと見ただけで「どれくらいの分量」を「どんな順番で」使えばいいのかがわかるようになっているものが用意されていることがあります。

また、単に「使う」だけではなく、より「効果的な使い方」がわかれば、もっと使ってみたい気持ちが高まるのはもちろん、より結果も出やすくなるのは当然です。ぜひプラスアルファのご案内ができないかについても考えてみてください。

つまり、すでに買ってくださったお客様に対して、いかに「どんどん使いたい気持ちになっていただけるのか」に心を砕いた説明をする必要があるわけです。従来から、使用手順がわかりにくい商品で行われているこの工夫を、ぜひあなたのビジネスにも応用してみてください。

▼変化がイマイチ実感できない

ほとんどの場合、お客様は、すぐに劇的な変化があることを期待して、商品やサービスを購入します。ですから、思ったほどの実感が得られないと感じると、がっかりして使わなくなることもありえます。また、新しい習慣が身につく前に面倒になってやめてしまうことも、よくあるものです。けれど、もちろん継続しなければ、リピートにつながることはありませんから、「続けて使うために役立つ情報」も、随時提供していくべきです。

たとえば、習慣化できるようにサポートしたり、せめて「3ヶ月は使っていただきたい」と先に伝えておくのも、一つの方法。

実は、お客様自身も、速攻で変化が実感できるわけがないことは、薄々わかっているものなので、普通に考えれば、これくらいの日数は必要だと「納得できる理由」があるなら、「そんなものだろう」と思って、使い続けていただくことは可能です。

また、多くの場合、変化はじわじわと、ゆっくり現れるものですよね。もし、「ちょっとした変化」に気づいていないせいで、効果が感じられないと誤解しているとしたら、ぜひ「うっかり見逃しがちな変化」や、その「兆候」などを、あらかじめ伝えておくことで、お客様自身がより実感しやすくなるようにサポートすることもできます。

▼このまま使っていて、いいんだろうか？

お客様はすぐに心配になり、取り越し苦労をしがちです。たとえば、続けるメリットを理解していただくために、長期で利用を継続中のお客様の感想を見た時に、他の人が体験した嬉しい変化に自分を投影して「私の場合には、もっと凄い変化が期待できるはず」と勇気づけられる人がいる一方で、別の人にとっては、「私はさっぱり体感できていないから、自分にはあっていないのかもしれない。このまま続けると、かえって悪いことが起きるかも」と感じて心配の種になる場合もあります。

もし、これまで特に不満もなく使い続けていたのに、他の人の劇的な変化を目の当たりにすることで不安を感じてしまうとしたら、大問題ですよね。ですから、常に、お客様が今、このタイミングで何を感じているのかに着目し、「不安を取り除く」ために役立つ情報提供を考えていく必要があります。

何もフォローをしないまま放置すれば、顧客感情は下がる一方。もし、店頭や電話で接客している時に、このタイミングでこれを案内をするという鉄板のパターンがあるならば、すでに購入後のお客様が、後悔するポイントがわかっているはずです。単発の接客に終わらせず、同じ案内をすべてのお客様に展開することで、もっと楽しく使い続けていただけないか検討してみてください。

24

より満足してもらうためには何が必要か、お客様目線で考えよう。

感情が落ちるタイミングで顧客フォローを

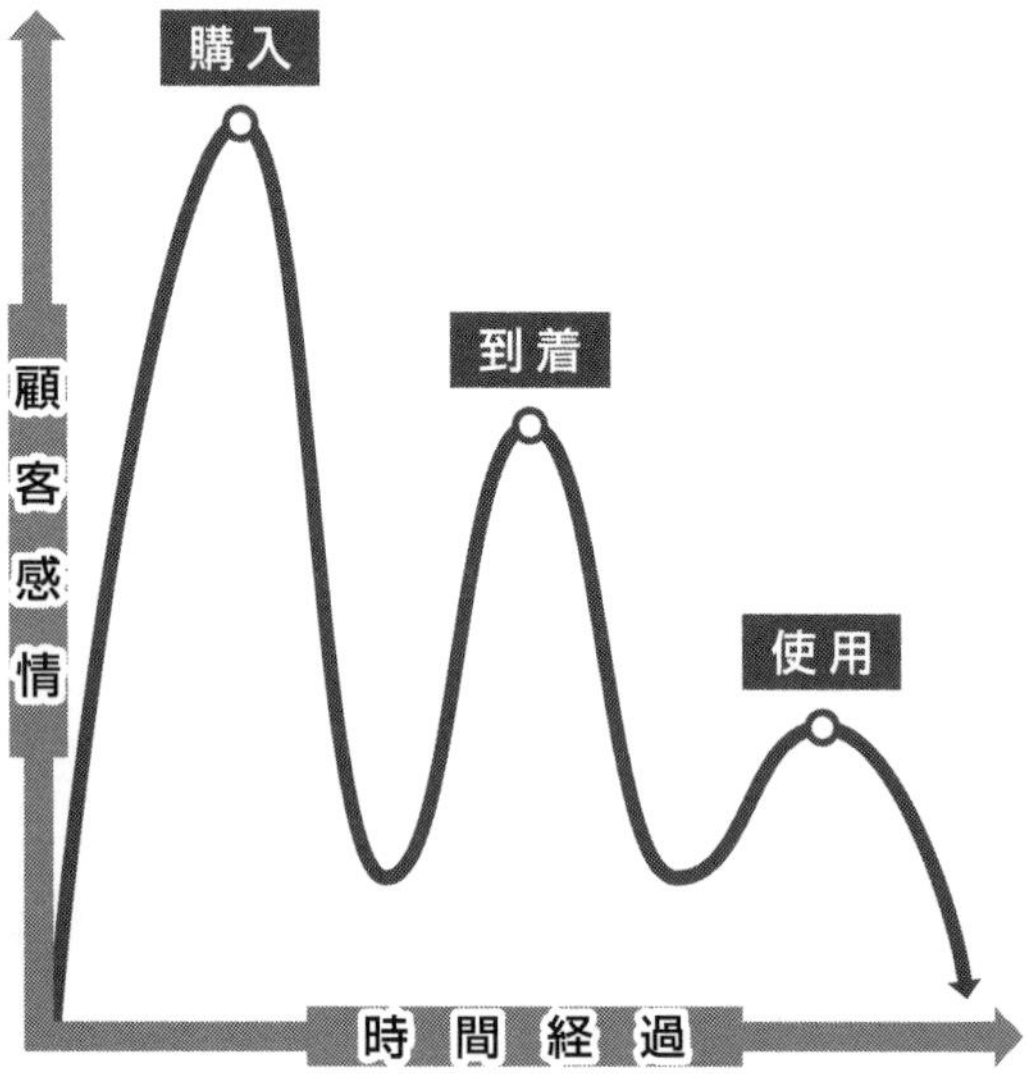

気分が高揚して買ったタイミングが感情のピーク。
購入後に後悔や不安の念に襲われ、到着して少し持ち直すものの、思っていたイメージと違う点をみつけてがっかり。
初めて使ってみる瞬間は、ドキドキワクワクするものの、思っていたほどでもないと感じると、どんどん感情は下がっていくのが自然な流れです。

point
25

案内しないと、リピートできない

お客様に、ちゃんとリピート購入をおすすめしていますか?

▼すべてのタイミングで、とにかく案内を

すでに購入したお客様に対して、何かしらのフォローをすることで「もっと喜んでいただきたい」と思っている方は、多いもの。けれど、気にはなっていても、何からはじめていいのかわからないせいで、放置している人が大半ですよね。

けれど、そんなに難しく考える必要はないのです。まずは、ありとあらゆる機会を捉えて、リピートや追加の注文を提案することから始めましょう。

たとえば、他の商品やサービスも一緒に買ってもらえるように注文のタイミングで提案したり、納品のタイミングで他の商品もオススメする案内を送ることは、可能なはずです。

あなたの商品やサービスは、お客様の問題を解決する方法の一つですが、もし、何か別のご案内をすることで、お客様にとって、よりよい未来につながるのならば、躊躇する理由はありませんよね。

単に、提案する機会を増やしただけでも、買う人の数は確実に増えるはずです。即、売上も上がり利益率も改善し、ひいては、お客様へよりよい商品やサービスとして還元できることにもつながっていきます。

▼プロとして、ベストな提案を

多くの場合「これを使うなら、本当はこれも一緒に使ったほうが効果的」という組み合わせがあるはずです。もしくは、「これに興味があるお客さんは、こっちも好きな人が多い」とか「せっかくなら、これも一緒に試してほしい」という関連性の高い商品があるのではないでしょうか。

お客様は、あなたの専門分野については、素人です。どういう基準で何を組み合わせれば一番いいかなんて、まったく知りません。ですから、もしより良い組み合わせがあるならば、あなたが責任をもって提案しなければ伝わるはずがありません。

「売上のために押し売りをしよう」と言っているわけではありません。お客様が手にする結果を最大化するための提案であるならば、必ずお客様にとっても魅力的な内容になるはずですし、不要かどうかは、お客様が判断します。

お客様の結果にコミットし、お客様にとってもっともメリットのある内容を追求するからこそのプロフェッショナルです。自分の商品やサービスに自信があるのなら、「お客様にとってベスト」な提案になっているか、もっとおすすめできるものはないかについても、ぜひ考えてみてください。

▼提案は、何度も！

プロとしての目線で考えた時に、「これをご案内することが、お客様が最終的に欲しい結果を得るために、もっとも良い方法だ」と確信できるならば、その提案は、ぜひ何回でもご案内してください。

多くの人は、自分が送ったハガキやメールは読んでもらえていると考えがちですが、最近では、読まないままにする人も多いですよね。一度ご案内して反応が薄いと「あまり興味がなかったのかもしれない」と早合点してすぐやめてしまう方も多いのですが、リピートされない理由は、たまたまタイミングが合わなかっただけかもしれないし、うっかり見逃してしまったかもしれないし、後回しにしにしているうちに忘れているだけかもしれません。

ですから、毎回、案内の内容を変える必要はないのです。まったく同じ内容で「こういうご案内を送ったのですが、うっかりお忘れではないですか？」というスタンスで、再度ご連絡を差し上げるだけでも、思っている以上に反応があるはずです。

たとえば、化粧品の通販などでは、一度トライアルセットを注文したお客様に「再お試しキャンペーン」と銘打って、もう一度トライアルセットをおすすめする場合があります。

前に使って悪くなかったなら、次のタイミングにまたはじめてみようと思う可能性は高いものです。そして、同じ案内を何度も受け取っていたとしても、必要な案内である限り別段、嫌な気持ちにはならないもの。

知っているはずだと思っているのはあなただけで、お客様にとっては初耳の内容かもしれません。それに、そもそも案内しないものが、売れるわけがないのです。ぜひお客様のために、何度も提案してみてください。

25

思っているより、見られていません。むしろ、うっかり忘れているお客様に、何度も丁寧に案内することが重要です。

欲しくなる!

point
26

結局、CRMとは、何なのか

リピートしてもらうために、大切な考え方とは?

▼お客様にあわせた「おもてなし」を

旅館に限らず、昔から日本のビジネスには「顧客台帳」があり、優秀なスタッフは、常連のお客様の好みやバックグラウンドをきちんと把握してサービスを提供してきたはずです。

それだけでなく、常にお客様の需要を先回りして「こういうことに困るんじゃないか」「こんな風に感じるんじゃないか」と気配りをし、あらゆる準備を万全に整えておくのが、日本流の「おもてなし」ではないでしょうか。

今は、ＩＴを使った情報管理ができるようになったおかげで、集計や機械的な分析は簡単になりましたが、結局のところ、その数字が何を意味するのかを読み解くのは、人間の仕事です。

以前よりも、より信用や関係性がより重視される時代になりつつあります。小手先の顧客データ管理ではなく、もっと深くお客様とつながり、本当に喜んでいただける商品・サービスにするために、ビジネスの原点に立ち返るべきです。

お客様とのより親密な関係構築を考えるなら、すべての場面で「お客様は困っている」というスタンスで考えるのが、もっとも手っ取り早い方法です。

たとえば、わかりにくいホームページやチラシから、情報を探し出すのはたいへんですよね。せっかく買おうと思っても、入力フォームが使いにくいと困ってしまいます。気に入った商品やサービスであっても、次の案内が来なければ、うっかりそのままになって、お客様にとっても不幸なことです。

ですから、とにかくそれぞれのタイミングでの顧客感情を想定すること。そして、今感じている気持ちをどう変えれば、もっとお客様と幸せな関係を築けるのかを考え、ひとつずつ実行していくことこそが、本当の意味での「Customer Relationship Manegement」です。集計された数字だけを見るのではなく、すぐ目の前にいるはずのお客様を見つめて、しっかりと付き合っていこうという気持ちがあれば、すべては変わりはじめます。

▼時代は変われど、安心が欲しい

企業や団体にファンがつくことは、まずありません。お客様は人に魅力を感じ、人にファンがつくのです。あなたも、人にまつわるストーリーがあることで、圧倒的に記憶に残りやすいと感じる場面に直面することがあるのではないでしょうか。つまり、商品やサービスにそれほど差がない時代に必要なのは、実は、昔ながらの人間同士のつながりなのです。どうせ買うなら、人は人から買いたいもの。たとえば、「商店街のコロッケ屋のおばちゃんに会いたい」から買いに行くというような親近感を演出できれば、他から買う理由がなくなります。

昔は「ブランド」といえば、性能を保証するものでした。壊れない、丈夫、サポートがしっかりしているという品質面に、第一義的な「ブランド」の価値がありました。けれど、全般的に性能面でのレベルが上がり、どれを選んでも大差がない今、「ブランド」を作っているのは、主に世界観であり、ビジョンです。

たとえば「ここの発信しているメッセージが好き」「その価値観に共感して、使っている自分が好き」という気持ちが「ブランド」の支持につながります。

かつてと今では、まったく違うように感じるかもしれませんが、結局のところ「ブランド」に求めているのは「安心感」であることに変わりはありません。

つまり、「誰にでも喜ばれるおみやげなら、この店のあれだよね」とか「大事なお客様を連れて行くなら、あそこだよね」とか「この商品なら、あそこを紹介しておけば間違いない」とか「このサービスなら、あそこに頼めば失敗しない」と言われること。要は、自分のいない場所で、誰かが誰かに紹介してくれる「他己紹介」こそが、ブランドの本質です。それを念頭におきながら、すべてのメッセージを一貫性をもって作ることをぜひ意識してみてください。

26

お客様に、安心を提供しよう。
一貫性のあるメッセージを物語の文脈で発信している人にこそ、ファンがつく。

ブランドへの期待の変化

昔

ブランド

↓

性能保証、壊れない

今

ブランド

↓

ストーリー世界観、ビジョン

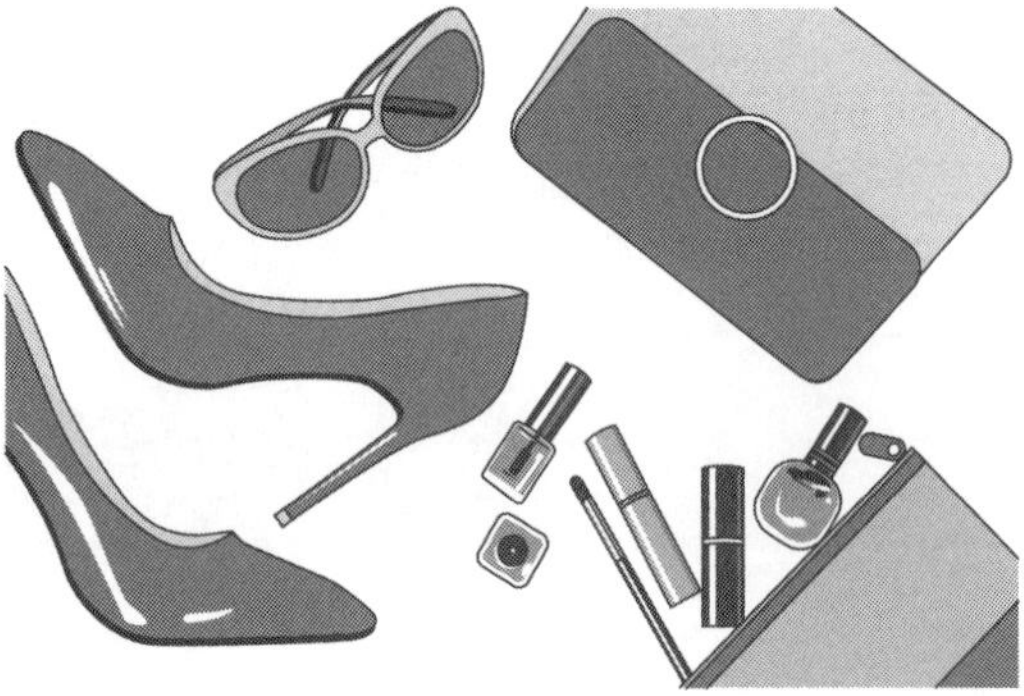

第6章

「興味のない人」を引きつけるフレーズ集

～振り向かせる言葉、スルーされる言葉～

Reason why women buy impulses

★まったく興味のない人を一瞬で引きつけるために使えるアイデア

「欲しいもの」は人によってバラバラなようで、根本的な部分で考えれば、そう大きな違いがあるわけではありません（ざっくり言うなら、みんな幸せになりたいわけですから）。けれど、「今すぐ欲しい」人に売る場合に必要な内容と、「そのうち欲しい」人に語るべき事柄は、まったく違っています。

ところが、「欲しい人に売る」方法は知っていても、「関心のない人をどうやって振り向かせるのか」をあまり意識していないせいで、うっかりズレた訴求になってしまうことも、案外多いものです。そこで、ここでは「現時点ではあまり欲しくない人」に何を見せるべきなのか、ヒントになる事柄を並べてみました。もちろん、組み合わせて使うことも可能です。

プロのセールスライターは「どのような種類の感情に訴えるか」をあらかじめ考えてから書きはじめますので、ここでは主として訴求別に「まったく読む気がなくても、思わず目をとめてしまう内容」の例をまとめています。とはいえ、興味・関心はグラデーションを描いて変化していくので、どうしても「より関心の薄い人に適したもの」と「少し問題意識がある人に向けたもの」がまじってしまうことにはなります。ただ、他のタイミングでは有効でも、「まだまだ」のお客様にはふさわしくない文例もセットにしてありますので、比較しながら見ていただくことで、自分のビジネスではどう応用できるのかを考えることは、できると思います。

この時、絶対に注意をしていただきたいのが、「なんだか気になる…読まなきゃ損しちゃうかも」という内容になっているかの方が、言い回しなどよりも、圧倒的に重要だということです。当たり前の話ですが、入れ替える単語が、お客様にとって興味のないものになってしまったら、意味がないのです。ですから、気持ちが動くポイントをしっかりわかっていることが最優先。「考え方」自体を応用しようとすることが大切なので、ぜひその点だけは、しっかりと心にとめた上で見てくださいね。

01 多くの人が共感できる話題フレーズ

テレビや新聞、雑誌などでよく取り上げられる内容は、多くの人が共通して関心があるジャンル。商品やサービスに興味がなくても、一般的な情報収集には興味があるはずなので、うまく応用できないか、ぜひ考えてみましょう。

◎興味がない人でもOK：

「あなたは自分の〝健康寿命〟に自信がありますか？」

「『信頼できる人ですね』と言ってもらえる最高の方法」

◎興味がない人にはNG：

「満足度98％の集客バイブル」

「今だけ無料プレゼント中！」

02 物語の続きが読みたいフレーズ

「昔々あるところに、おじいさんとおばあさんがいました」という昔話の冒頭のように、いきなり物語がはじまると、その後、大成功に続く幸せなストーリーを予想し、つい続きが気になるものです。逆に、広告だとすぐにわかるものは、まったく関心がない人の目には入りません。

◎興味がない人でもOK：

「私がピアノの前に座ると、みんなが笑った。
でも弾き始めると……」

「25年前の美しい春の夕暮れ時、
二人の若者が同じ大学を卒業しました。
彼らはとてもよく似ていました」

◎興味がない人にはNG：

「出血大サービス！
大決算セール開催中‼」

「春の買い取りキャンペーン、
ビジネス書買取、強化中！」

03 会話文から始まっているフレーズ

人間は、人が関わる物語が大好き。いきなりカギカッコつきの文章からはじまる場合にも、何らかのストーリーがはじまることが予想され、悩んでいなくても続きを読みたくなります。逆に、興味のない人に、すでに問題を認識しているだろうという前提で語ると、大きくはずします。まだ困っていない人が大半だからです。

◎興味がない人でもＯＫ：

「母と会話すると、喉が詰まるんです」

「なんで、そんなに働けるんですか？」

◎興味がない人にはＮＧ：

「こんなことで困っていませんか？」

「外壁塗装の適正価格は？」

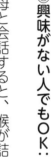

04 質問の答えを知りたいフレーズ

脳は質問されると反射的に答えを考え始めます。そのため、質問から始まる文章は続きを読んでもらいやすくなるものですが、もちろんどんな質問でもいいわけではありません。商品やサービスに興味がなくても思わず気になる一般的な話題で始めるのがポイント。まずは雑学的な情報提供から入っていきましょう。

◎興味がない人でもOK：

「ご存知ですか？　5年後も
キレイでいられる人の3つの共通点」

「なぜ、あの商品は20年以上、
売れ続けているのか？」

◎興味がない人にはNG：

「仮想通貨の取引所はどこがいい？」

「ほとんどの情報発信者が
失敗する理由とは？」

05 ギャップを埋めたいフレーズ

語尾が切れていたり、意味深長な形容詞が使われていたり、言われてみれば気になる素朴な問題提起は、それほど興味がなくても思わず読んでしまうもの。頭の中に生まれた「空白」を埋めたくなる、知的好奇心に応える内容を考えてみるのもオススメの方法です。

◎興味がない人でもOK：

「想像以上にすごい！　アマゾンの荷物が1時間で届くようになったので……」

「さおだけ屋はなぜ潰れないのか？」

◎興味がない人にはNG：

「一度も留学せずに、スラスラ話せるようになった人の共通点」

「副業をはじめる人は増えたけれど……」

06 流行を押さえておきたいフレーズ

積極的にマネをしないとしても、「自分だけ乗り遅れたくはない」と思うことってありますよね。一応は情報や知識として入れておきたい内容になっていると、単なる売り込みとは違ったニュース性が出て、読んでみたいと思う人が増えるはず。ただし、あくまでお客様に直接関係のある新しさである必要があります。

◎興味がない人でもOK：

「SNSで話題沸騰中！
インスタ映えするだけじゃない
次世代の調理器具とは？」

「今どき、愛される人や企業には、
こんな理由があった」

◎興味がない人にはNG：

「今、売れています！」

「クチコミサイトで殿堂入り！」

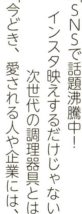

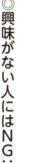

07 バカにされたくないフレーズ

「得をする」よりも「損しない」のほうが気になる情報です。「こんなことも知らないなんて」とバカにされたくない大人たちが思わずこっそり見てしまう情報は、一般的に読まれる可能性が高くなります。とはいえ単に読まれるだけでは意味がないので、誰もが気になる広い話題で、かつ最後は商品やサービスに関連づけられるものがあればベストです。

◎興味がない人でもOK：

「まだ、これを使っていないなんて……
人生だいぶ損している厳選アプリ5」

「誰もが知っているべき、
角が立たない大人の断り方10選」

◎興味がない人にはNG：

「今さら聞けない、パソコン操作の
超基本」

「社会人1年生が身につけるべき、
気遣いとは？」

08 失敗したくないフレーズ

人のフリ見て我がフリ直せ。誰もがついやってしまいがちな間違いを指摘しているものは、つい自分も同じ失敗をしていないか、確認したくなるもの。つまり、内容はできる限り、誰にでも共通して当てはまりそうな「あるある話」にしておくのがポイントです。

◎興味がない人でもOK：

「こんな会社とは取引したくない！」

「あなたは電話応対で、こんな間違いをしていませんか？」

◎興味がない人にはNG：

「経営でつまづく本当の理由」

「ホームページでクレーマーからの問い合わせを防ぐ方法」

09 最新情報にアップデートしたいフレーズ

同じニュースであっても、一般的に常識として押さえておきたい話題は、商品やサービスに興味がなくても知りたいもの。一方で、新発売などの情報は、お客様にとっては、まったく無関係なので、関心の薄い人には不適切です。場面によって出し分けることを考えましょう。

◎興味がない人でもOK：

「最新版」

「こんなところで！
一風変わった花見体験」

◎興味がない人にはNG：

「初公開」

「個別の電話相談を実施します」

10 賢くありたいフレーズ

誰にだって、もっと成長したいという想いはあるものです。だからこそ、今よりも良くなりたい、より効率的に、効果的に対応できる方法があると言われれば、思わず続きが気になる可能性があります。できるだけ普遍的なワードを選び、本来のお客様を取りこぼさないように、魅力的に見せましょう。

◎興味がない人でもOK：

「もっとも伝わる言葉を選び抜く　7つのコツ」

「時間管理の達人に聞く、今すぐすべてを時系列で整理する方法」

◎興味がない人にはNG：

「もっと教えて！　整理コンシェルジュ」

「賢い女性の家計管理術」

11 将来が気になるフレーズ

まったく商品やサービスとは無関係な、予言的な内容や警告的な内容は、気になる人が多いもの。要するに、つかみは一般的なニュースになっていて、読んでいるうちに自然と商品やサービスが欲しくなるよう、誘導していける話題を選んで、お客様の気持ちにそって見せることが大切です。

◎興味がない人でもOK：

「アメリカですでに証明されている
副業解禁後の未来予想図」

「世界のパワーバランスは、
今後どうなるのか……？」

◎興味がない人にはNG：

「世界三大投資家の警告」

「日本の輸入ビジネスは終わった……」

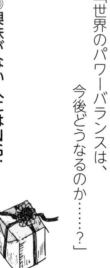

12 心当たりのある状況で真相が気になるフレーズ

実は自分も気になっているシチュエーションでの悪い習慣は、中身がよくわからなくても、つい真相が知りたくなってしまうもの。続きを読んでいただくためには、直接具体的な悩みがなくても、商品購入にまったく関心がなくても、思わず気になる内容にできるかが最大のポイントです。

◎興味がない人でもOK：

「あなたは大丈夫？　毎日お酒を飲んでいると腸内環境が悪化し……」

「小学4年生で正しい家庭学習習慣がつかない最大のデメリットとは？」

◎興味がない人にはNG：

「後悔多数！　結婚準備で慌てない10大チェックポイント」

「もう悩まない！　今年こそ本気のケアで、毛穴を諦めない3つの方法」

13 秘密を知りたいフレーズ

自分が対象者でなかったとしても、つい好奇心から知りたくなるドキュメンタリー番組のような興味にすることができれば、読まれる可能性が高まります。ただし、ちょっとした書き方の違いで、誰もが知りたい秘密なのか、商品固有の内容になるかが決まりますから、内容は吟味することが大切です。

◎興味がない人でもOK：

「なぜ、彼女が人気のカウンセラーに
なれたのか？」

「10年後も安泰な会社の秘密」

◎興味がない人にはNG：

「映像クリエイターが語る
〈(具体的ソフト名)〉を手放せない理由」

「個人サロンが、
ゼロから月商100万をつくる
7つのコツ」

14 よく知られているものを応用フレーズ

一般によく知られている言葉は、見慣れているため、受け入れやすい傾向があります。ただし、当然ながらターゲット層に広く知られているものでないと意味がありません。旬が限定されるパロディではなく、長く使えるものを考えるほうが無難です。また、元ネタを知らない人であっても意味がわかるように配慮することも大切です。

◎興味がない人でもOK：

「世界一受けたい＿＿＿な授業」

「＿＿＿な人のための7つの習慣」

◎興味がない人にはNG：

「コルステロール値を減らす食材ランキング」

15 コミュニケーションに巻き込まれるフレーズ

クイズ形式になっていると、思わず答えを出そうと脳が働き、巻き込まれることがあります。ですから、他にも読者との会話のキャッチボールを始められるフレーズで始めることができれば、自然にコミュニケーションが生まれ、グッと引き込むことができるかもしれません。

◎興味がない人でもOK：

「問題です。この3つの広告のうち
圧倒的な成果を出したものは
どれでしょうか？」

「あなたは何のために
仕事をしていますか？」

◎興味がない人にはNG：

「SNSを賢く使いこなすB2B企業の
事例に興味はありませんか？」

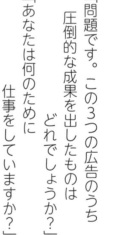

16 驚きをストレートに表すフレーズ

実際に使った人の素直な驚きの言葉には、「え？ 何？ それってどういうこと？」と思わず引き込まれる力があります。売り手の一方的な発信ではイマイチ信じられなかったことであっても、リアルな第三者の使用感であれば信憑性が増すもの。感動がグッと伝わるひと言であればなおさらです。

◎興味がない人でもＯＫ：

「国産がこの値段で買えるのは凄いですね」

「出張先にも必ず持っていくくらいお気に入りです」

◎興味がない人にはＮＧ：

「国産だから安心安全です」

「これまでにない圧倒的な性能、他の追随を許しません」

17 読者の気持ちを代弁するフレーズ

自分の気持ちにフィットした共感できる言葉が書かれていると、思わず読みたくなってしまうことが多いはず。とくにネガティブな内容であれば、後でその内容がひっくり返されることを期待して、グッと引きつけられる可能性が高まります。逆に、うさん臭いと思われるものはＮＧです。

◎興味がない人でもＯＫ：

「まさかと思って、はじめは
まったく信じていませんでした」

「健康診断の数値を見るのが
楽しみになってきています」

◎興味がない人にはＮＧ：

「満足度１００％！
驚異のリピート率を誇る大人気商品」

18 指示語の中味を確かめたいフレーズ

「この○○は……」と言われると、つい「どの○○なんだろう？」と反応してしまうのが人間です。ただし、一瞬引きつけるだけのパワーしかないため、「これ、あれ、それ」の先のフレーズにもしっかり注意を払い、誰もがついつい気になる内容に仕上げることが大切です。

◎興味がない人でもOK：

「この枕を使い始めて
眠りの質がまったく変わりました」

「こんなにおいしい○○は、
はじめてです」

◎興味がない人にはNG：

「このビデオボードの性能の高さは、
昨対比180％アップしています」

おわりに

▼「売れる」の本質とは何か

どうすれば「売れる」のかを分解して考えると、とてもシンプルです。まずは商品やサービスの存在を「知って」もらい、とりあえず「試して」もらった上で、もう一回「リピートして」いただき、できれば継続的に関係を続けていくこと。それさえできれば、売上が立ち、利益も残るようになっていきます。

けれど、多くの人が見落としているのは、「知って、試して、リピートする」間にも、お客様の「感情」は刻々と変わり続けているということです。ですから、たとえ同じ人物にアプローチする場合であっても、それぞれのタイミングによって響く言葉や見せ方は、まったく違ってくるのです。

考えてみれば当たり前のことですよね。買う気がさっぱりない状態と、今すぐ悩みを解決したい場面では、欲しい情報が異なります。「段階」ごとに、お客様が感じていることも考えていることも違っているならば、表現自体を変えていく必要があるはずです。

▼大切なのはお客様の目線に立つこと

この本は、これまでにさまざまなセミナーや講座、オンラインサロンなどでさせていただいたアドバイス、つまり、「いやいや、それは違う！　そうじゃなくて……」といい続けてきたことや、何度も繰り返し説明してきた内容をピックアップして、まとめたものです。なぜか勘違いされがちな点を取り上げ、すぐに使っていただけるヒントを得ていただけるように書きました。

私は、今でこそ「売るための文章」を作る専門職であるセールスコピーライターとして、また女性の購買心理の専門家として、お仕事をさせていただいていますが、もともとは通販実務出身の叩き上げです。どうすれば売れるかなんて習ったこともない中で、いきなり通販サイトを立ち上げることになり、現場の試行錯誤の中で「売り方」を身に着けました。

頼りにできたのは、「もし自分がこのお客様なら、こういうタイミングでこういう情報が欲しいはず」という勘と、それを支える聞き込み調査の数だけ。けれど、今になって思えば、「いかに売るのか」にフォーカスするのではなく、「どうしたら自然に買いたくなるだろう」を追求したことで、かえって、「売るための基本」を体感的に身につけることができたと思います。

幸いなことに、私たちはそれぞれが消費者でもあり、誰かのお客様です。すでにお客様の立場を体験したことがあるのですから、あなただって、徹底的に「お客様目線」に立つことができれば、お客様にぐっと刺さる、売れる文章を作れるようになるはずですよね。

世の中にあふれている断片的な情報を中途半端に追いかけると、かえって大きな勘違いに陥ることもあるかもしれませんが、実のところ、そんなに多様な手法があるわけではありません。商売の基本はいつの時代も同じ。人間の購買心理も普遍です。だからこそ、本質をつかみ、考え方のフレームを確立していただくことができれば、その後は、新しい情報も、ずっと楽に仕入れていけるはずですし、応用も効くようになるでしょう。

本書が、うっかり陥りがちな誤解を解きほぐし、正しい努力をするための道案内となるなら、これ以上嬉しいことはありません。あなたのビジネスの本当の魅力を、もっとわかりやすく伝えるための一助としていただければ幸いです。

株式会社グローアップマーケティング
谷本理恵子

谷本 理恵子（たにもと・りえこ）
セールスコピーライター。株式会社グローアップマーケティング代表取締役。1977年、大阪生まれ。関西大学法学部卒業。ダイレクト出版認定セールスライター。インターネット通販の運営責任者として4社6年にわたり、多様なジャンルの実務を経験。Webマーケティングの最前線で、できるだけコストを掛けずに、少人数で利益を残す仕組みづくりに注力する。独立後は「無理なくリピート購入されるメール」や「同梱資料」の制作などを、主として化粧品・健康食品のメーカー通販から請け負い、圧倒的な実績を叩き出す。後進ライター養成のための講座や一般向けのセミナー開催なども多数。著書に『ネットで「女性」に売る』（エムディエヌコーポレーション）がある。
泉佐野商工会議所会員。ミラサポ（中小企業庁による小規模事業者支援事業）登録専門家。

▼株式会社グローアップマーケティング
http://growup-marketing.co.jp/
▼Facebook
https://www.facebook.com/tanimotoyumizo

女性《じょせい》に「即決《そっけつ》」される文章《ぶんしょう》の作《つく》り方《かた》
〜「どうして売れないんだろう」と思った時、真っ先に読む本〜

2018年5月25日　初版発行

著者　谷本 理恵子
発行者　常塚 嘉明
発行所　株式会社 ぱる出版

〒160-0011　東京都新宿区若葉1-9-16
03(3353)2835 — 代表　03(3353)2826 — FAX
03(3353)3679 — 編集
振替　東京 00100-3-131586
印刷・製本　中央精版印刷(株)

ISBN978-4-8272-1112-2 C0034